Książka pt. „Jak stać się entuzjastycznym" napisana jest na podstawie wykładu wygłoszonego przez Andrzeja Moszczyńskiego.

Andrzej Moszczyński jest autorem 23 książek, 34 wykładów oraz 3 kursów. Pasjonuje go zdobywanie wiedzy z obszaru psychologii osobowości i psychologii pozytywnej.

Ponad 700 razy wystąpił jako prelegent podczas seminariów, konferencji czy kongresów mających charakter społeczny i charytatywny.

Regularnie się dokształca i korzysta ze szkoleń takich organizacji edukacyjnych jak: Harvard Business Review, Ernst & Young, Gallup Institute, PwC.

Jego zainteresowania obejmują następujące tematy: potencjał człowieka, poczucie własnej wartości, szczęście, kluczowe cechy osobowości, w tym między innymi odwaga, wytrwałość, wnikliwość, entuzjazm, wiara w siebie, realizm. Obszar jego zainteresowań stanowią również umiejętności wspierające bycie zadowolonym człowiekiem, między innymi: uczenie się, wyznaczanie celów, planowanie, asertywność, podejmowanie decyzji, inicjatywa, priorytety. Zajmuje się też czynnikami wpływającymi na dobre relacje między ludźmi (należą do nich np. miłość, motywacja, pozytywna postawa, wewnętrzny spokój, zaufanie, mądrość).

Od ponad 30 lat jest przedsiębiorcą. W latach dziewięćdziesiątych był przez dziesięć lat prezesem spółki działającej w branży reklamowej i obejmującej zasięgiem cały kraj. Od 2005 r. do 2015 r. był prezesem spółki inwestycyjnej, która komercjalizowała biurowce, hotele, osiedla mieszkaniowe, galerie handlowe.

W latach 2009-2018 był akcjonariuszem strategicznym oraz przewodniczącym rady nadzorczej fabryki urządzeń okrętowych Expom SA. W 2014 r. utworzył w USA spółkę wydawniczą. Od 2019 r. skupia się przede wszystkim na jej rozwoju.

www.andrewmoszczynski.com

Każdy z nas jest niepowtarzalny i wyjątkowy. Wszyscy rodzimy się z naturalną ciekawością świata, pragnieniem odkrywania, poznawania i tworzenia. Jak to się dzieje, że ta wyjątkowość, kreatywność, radość i swoboda ekspresji zatracają się gdzieś podczas dorastania i przypadającej na ten czas edukacji szkolnej? Czy powszechne systemy edukacji oparte na oświeceniowym przekonaniu, że wszyscy przychodzimy na świat jako „czysta tablica", którą można dowolnie zapisać, wspierają nasz rozwój i rozwijają nasze zdolności, czy jest wręcz przeciwnie? Czy szkoła, próbująca nas ukształtować według narzuconego przez system modelu i starająca się nas wpasować w ramy społecznych oczekiwań, na pewno jest warunkiem odniesienia sukcesu i spełnionego życia? Nie potwierdzają tego przykłady ludzi, którzy zdołali się wyłamać z tego systemu i pójść własną drogą. To samoucy – ci, którzy mimo braku formalnego, systemowego wykształcenia odnoszą sukcesy w przeróżnych dziedzinach i branżach, tworząc, wynajdując, unowocześniając, a często wręcz rewolucjonizując życie swoje i współczesnych im ludzi, czyniąc je lepszym i łatwiejszym.

Książka Sukcesy samouków – Królowie wielkiego biznesu, zawiera pięćdziesiąt biogramów nieprzeciętnych ludzi – przedsiębiorców samouków, którzy często wbrew ciężkim warunkom, biedzie i brakowi szkolnej edukacji odnieśli w życiu wielkie sukcesy, w sposób zasadniczy wpływając na świat, jaki znamy. Niech będą one dla Ciebie dowodem na to, że spełnione życie i sukces zależą przede wszystkim od pracy i samodzielnego rozwoju, a nie od formalnego wykształcenia.

Szczegóły dostępne na stronie: www.andrewmoszczynski.com

Jak stać się entuzjastycznym

Zespół autorski:
Andrew Moszczynski Institute LLC

Redaktor prowadzący:
Alicja Kaszyńska

Zastępca redaktora prowadzącego:
Dorota Śrutowska

Redakcja:
Ewa Ossowska, Anna Skrobiszewska

Korekta:
Dorota Śrutowska

Konsultacja merytoryczna:
dr. Zofia Migus

Projekt graficzny:
Sowa Druk

ISBN: 978-83-65873-65-1

Wszelkie prawa zastrzeżone

Copyright © Andrew Moszczynski Institute LLC 2020

Andrew Moszczynski Institute LLC
1521 Concord Pike STE 303
Wilmington, DE 19803, USA
www.andrewmoszczynski.com

Licencja na Polskę:
Andrew Moszczynski Group sp. z.o.o.
ul. Grunwaldzka 472, 80-309 Gdańsk
www.andrewmoszczynskigroup.com

Licencję wyłączną na Polskę ma Andrew Moszczynski Group sp. z.o.o.
Objęta jest nią cała działalność wydawnicza i szkoleniowa Andrew
Moszczynski Institute. Bez pisemnego zezwolenia Andrew Moszczynski
Group sp. z.o.o. zabrania się kopiowania i rozpowszechniania w jakiejkolwiek
formie tekstów, elementów graficznych,
materiałów szkoleniowych oraz autorskich pomysłów sygnowanych znakiem
firmowym AMI.

REKOMENDACJE

Piotr Borowiec

Jak żyć? To proste pytanie. A jednocześnie niezwykle otwarte. Trudno więc znaleźć odpowiedź, która prostotą i obszernością mogłaby mu dorównać. Bo *nie istnieje uniwersalny przepis na życie czy recepta na szczęście*. Na szczęście! Bo dzięki temu jest do czego w życiu dążyć. Więc człowiek docieka - gdyż jest to wpisane w jego naturę. I szuka – odpowiedzi czy metody. A, czasem, i nie szukając – natrafia… I nawet jeśli nie jest to odpowiedź wprost – tylko rodzaj podpowiedzi – to czemu nie skorzystać?

Na naprowadzające podpowiedzi i przykłady natknąłem się przy okazji nagrywania kolekcji audio-wykładów AMI. Poruszane w nich wątki dotyczą wnikliwości, wytrwałości, wiary w siebie, entuzjazmu, odwagi czy tego jak starać się być realistą. W trakcie nagrań w wielu miejscach utożsamiałem się z przedstawianymi treściami, a ich przekaz był dla mnie klarowny, interesujący i inspirujący. Sądzę, że *dla wielu osób wykłady te mogą być bardzo pomocnym narzędziem w próbie skonfrontowania się z samym sobą.*

A na pewno są ciekawym materiałem do przemyśleń w kontekście pytania: „Jak żyć?"

P.S. Przypomniały mi się słowa jednej z piosenek Wojciecha Młynarskiego, które – w swej lapidarności i trafności - przybliżają się do postawionego na początku pytania jako odpowiedź niemal idealna: „Do przodu żyj!" :)

Olgierd Łukaszewicz

Sam dość wcześnie wiedziałem, czego chcę, i dążyłem do osiągnięcia moich celów. Jednak dopiero w wieku dojrzałym zacząłem wnikliwiej się sobie przyglądać i smakować życie. Cieszę się każdą jego chwilą. Chciałbym, by zawsze przynosiło mi ono satysfakcję.

Ludzie, zarówno młodzi, jak i ci starsi, dzięki tym wykładom – przystępnym i jasnym – mogą zdobyć wiedzę, która pozwoli im iść przez życie aktywnie i twórczo, czyli odczuwać jego pełnię. Te wykłady pokazują, że istotą pozytywnej zmiany, tak upragnionej przez nas, nie jest bierne oczekiwanie na zrządzenie losu, a świadomy rozwój i konsekwentne budowanie własnej dojrzałości. Uczą też, jak praktycznie wzmacniać wiarę w siebie, wnikliwość, wytrwałość, odwagę, entuzjazm i realizm – kluczowe cechy, które rzeczywiście pomagają spełniać marzenia i realizować najbardziej ambitne plany. Warto z tego skorzystać.

dr Zofia Migus

Patrząc na kolekcję wykładów przygotowaną przez Instytut i znając już ciekawą tematykę całości, zwróciłam uwagę na dwa aspekty. Przede wszystkim unikatowa forma przekazu treści. Większości z nas wyraz wykład kojarzy się ze statycznym, jednostronnym przekazem informacji. Uczeń, student, słuchacz siedział, a nauczyciel przekazywał treści dydaktyczne bardziej lub mniej interesująco. Jednak twórcy kolekcji odeszli od tego schematu. Wykłady zostały skonstruowane w inny sposób, dużo bardziej nowoczesny, chociaż nawiązujący do sokratejskich metod nauczania. Każdy z nich zawiera wiele pytań skierowanych do słuchacza, aby mógł już podczas czytania zatrzymać się i przemyśleć usłyszane treści. Wsparciem tego procesu są unikatowe ćwiczenia, które inspirują do formułowania własnych sądów i do tworzenia własnego punktu widzenia. To ogromna pomoc, a jednocześnie spełnienie zasady stosowania praktycznego działania w procesie poznawczym.

Drugi aspekt to przydatność publikacji. Moją uwagę zwróciło połączenie różnych kręgów odbiorców, zwłaszcza odbiorcy indywidualnego (w różnym wieku) z biznesowym. Autorzy wykładów wychodzą bowiem z nadzwyczaj słusznego, niestety nie zawsze docenianego założenia, że *na sukces firmy w głównej mierze składa się powodzenie każdego pojedynczego człowieka, który w niej pracuje*. Niezależnie od tego, jakie stanowisko zajmuje. W związku z tym dbałość o samopoczucie pracownika i jego życiową satysfakcję powinna stać się ważnym zadaniem dla zarządów firm i gremiów kierowniczych. Wykłady, które podejmują wiele ważkich tematów z dziedziny rozwoju osobistego mogą stać się istotną pomocą w realizacji tego zadania. Tym samym mogą przyczynić się do *wzmocnienia identyfikowania się z firmą, wzrostu motywacji, kreatywności, a także tolerancji na zmieniające się środowisko pracy*. Pomoże to w osłabieniu lub nawet eliminacji tak niekorzystnych zjawisk jak nadmierna absencja, fluktuacja kadr czy wypalenie zawodowe.

Jako filozof, nauczyciel i doradca biznesowy *polecam więc te kolekcję zarówno ludziom,*

pragnącym zmienić swoje życie prywatne, jak i firmom, których zamiarem jest stworzenie organizacji na miarę XXI wieku, efektywnej i satysfakcjonującej właścicieli oraz pracowników.

Grażyna Wolszczak

Wielką przyjemnością było dla mnie nagrywanie tych wykładów, bo ich tezy w dużym stopniu odzwierciedlają moje poglądy. *Jestem przekonana, że życie powinno przynosi satysfakcję, że trzeba myśleć pozytywnie, że każdy z nas potrzebuje wiary w siebie i innych kluczowych cech umożliwiających urzeczywistnienie własnych marzeń.* Wydaje się, że właściwie wszyscy dobrze o tym wiemy, ale czy na pewno? A jeśli nawet, to czy stosujemy tę wiedzę w praktyce?... Czy jesteśmy wystarczająco wnikliwi, żeby dostrzegać szanse, które życie nam stwarza?... Czy mamy w sobie dosyć wytrwałości, by zrealizować plany?... Czy odważnie wykorzystujemy swoje talenty i uzdolnienia?... Czy entuzjastycznie podchodzimy do zadań?... Czy jest w nas pozytywny realizm, który pozwala śmiało patrzeć w przyszłość i nie popadać w narzekanie?...

Niewiele osób na te wszystkie pytania odpowie „tak", mimo że *każdy chciałby mieć życie ekscytujące, przynoszące radość i dające poczucie spełnienia. Wierzę, że te wykłady mogą*

pomóc to osiągnąć, zwłaszcza tym, którzy po raz pierwszy zetkną się z literaturą z tej dziedziny. Zawierają cenne wskazówki i dużą dawkę praktycznej wiedzy o możliwościach rozwoju osobistego. Ta wiedza przekonuje, bo jest oparta na doświadczeniu ludzi, którzy potrafili zdobyć naprawdę wiele. Analiza ich postaw może stanowić prawdziwą zachętę do rozpoczęcia zmian we własnym życiu.

Jestem urodzoną optymistką. Moja szklanka jest zawsze do połowy pełna. Mimo różnych zawirowań życiowych wierzę, że jeśli człowiek jest zadowolony z życia, jeśli lubi siebie i innych, potrafi wyjść obronną ręką z każdej sytuacji, nawet bardzo trudnej. Cieszę się, że mogłam brać udział w realizacji tak inspirujących wykładów.

Spis treści

Jak stać się entuzjastycznym 23
Część utrwalająca 79
Słowniczek 117
Źródła i inspiracje 125

Jak stać się entuzjastycznym

Narrator
Znajomość siebie i swojego potencjału, poczucie własnej wartości oraz takie cechy kluczowe, jak wiara w siebie, wnikliwość, wytrwałość i odwaga, choć istotne, nie wystarczą, by móc w pełni realizować cele. Dążenie do celu jest bowiem najbardziej efektywne, jeśli działaniu towarzyszy radość, zaciekawienie, fascynacja. Te wszystkie odczucia wywołuje entuzjazm, o którym będzie mowa w tym wykładzie.

Ile razy budzisz się rano i pierwszą myślą, jaka przychodzi Ci do głowy, jest: „Nie chce mi się…"? „Nie chce mi się wstać", „Nie chce mi się iść do pracy", „Nic mi się nie chce". Wyobraź sobie teraz, że to negatywne nastawienie zniknęło. Że każdego dnia wstajesz z uśmiechem, z radością rozpoczynasz pracę, z chęcią wykonujesz codzienne czynności. Prawda, że to piękna wizja? I możliwa do urzeczywistnienia, jeśli obudzisz w sobie zapał i żarliwość, a więc… entuzjazm. Amerykański przemysłowiec Henry Ford twierdził, że entuzjazm może wszystko. Nazywał go drożdżami, dzięki którym nadzieje wznoszą się do gwiazd. Uważał, że przejawia się on błyskiem w oku, sprężystością kroku, uściskiem dłoni, nieodpartym przepływem woli oraz energii potrzebnej do realizacji najśmielszych pomysłów. Sformułował nawet tezę, że to właśnie entuzjazm stanowi podstawę postępu. I trudno się z nim nie zgodzić.

Rodzimy się z dużym zasobem entuzjazmu, ale w dorosłym życiu rzadko potrafimy go wykorzystać. Dlaczego tak się dzieje? Osłabić tę cechę może wiele czynników. Należy do nich na przykład presja grupy lub chęć dostosowania się do otoczenia, wychowanie, a także porażki, jeśli nie nauczymy się ich traktować jak kolejne doświadczenia na drodze do sukcesu. Warto się jednak uodpornić na te przeszkody, bo entuzjastyczne podejście do życia jest nieodzowne, by zaszły w nim pozytywne i trwałe zmiany.

Co sprawia, że człowiekowi chce się chcieć? To pytanie tylko pozornie jest pozbawione sensu. Można powiedzieć, że czegoś chcemy albo nie chcemy i już. Warto jednak uzmysłowić sobie, skąd się bierze siła sprawcza. Gdzie leży pierwotne źródło naszej chęci, pragnienia, które natychmiast chcemy przekuć w działanie? Co wzbudza tak silną ochotę zrobienia czegoś, że nic nie jest w stanie nas powstrzymać?

Prelegent
W dzisiejszych czasach dużą popularnością cieszą się przeróżne poradniki, także telewizyjne. Podróżnicy, biegacze, ogrodnicy, kucharze pokazują swój świat w taki sposób, że budzą się w nas marzenia. Dlaczego im się to udaje? Co sprawia, że siedząc przed telewizorem, nabieramy ochoty do podróżowania, biegania, opiekowania się własnym kawałkiem ziemi, a nawet do gotowania, które wcześniej być może kojarzyło nam się wyłącznie ze stratą czasu? Przecież często osoby prowadzące takie programy nawet nie są zawodowcami! Mimo to potrafią nas przekonać, że to, czym się zajmują, jest fascynujące i godne uwagi. Istotną przyczyną ich sukcesu jest entuzjazm.

Dziecko, bawiąc się, doznaje po raz pierwszy w życiu radości twórcy i władcy. ANTONI KĘPIŃSKI

Zastanówmy się, co właściwie nazywamy entuzjazmem? Słowniki podają, że wyraz ten wywodzi się z greckiego *éntheos*, czyli „natchniony przez Boga", i oznacza stan uniesienia, radości, zachwytu, który można określić również innym słowem – zapał. Wydaje się jednak, że ta definicja, choć jasna, jest zbyt lakoniczna i nie oddaje w pełni wszystkich aspektów omawianego pojęcia. A entuzjazm to istota życia. Gdy jesteśmy szczęśliwi, w naturalny sposób stajemy się entuzjastyczni, bo tak podchodzimy do naszych zadań i marzeń. I odwrotnie – gdy działamy z entuzjazmem, czujemy się szczęśliwi i spełnieni. Jak zatem brzmi rozszerzona definicja tego słowa? Entuzjazm to pozytywna emocja, silna i skoncentrowana, która wzbudza i przyspiesza działanie, zwiększa wiarę w osiągnięcie celu, wpływa na odczuwanie szczęścia oraz radości życia. Z entuzjazmem łączą się takie pojęcia, jak: energia wewnętrzna, zaangażowanie, pasja, determinacja i motywacja.

Pokłady entuzjazmu są w każdym z nas. Mniejsze lub większe. Niekiedy schowane głęboko w zakamarkach umysłu. Ten entuzjazm początkowy – podobnie jak wiele innych pożytecznych cech – w ciągu kilku pierwszych lat życia gdzieś ginie. Czy to dobrze? Tylko w pewnym aspekcie. Zapał, czyli przemożna chęć, by iść naprzód, w wieku dziecięcym łączy się z beztroską. U kilkulatka pragnienie zdobycia czegoś jest zazwyczaj tak ogromne, że nie widzi on niebezpieczeństw, nie przewiduje następstw i z ogromnym zacięciem, nie bacząc na nic, dąży do osiągnięcia celu. Jeśli go wtedy zatrzymamy, zamiast pokierować mądrze jego entuzjazmem, poczuje się zawiedziony i rozczarowany. A gdy sytuacja będzie się powtarzać, straci swój dziecięcy entuzjazm.

Narrator
Masowym zjawiskiem są młodzi ludzie, którym nic się nie chce, którzy w życiu głównie odczuwają nudę. Utracili pierwotny entuzjazm dziecięcy, więc nie czują potrzeby działania, nie mają wystarczającej motywacji, nie potrafią skoncentrować się na żadnym zadaniu. Rodzice powinni mieć tego świadomość i ostrożnie udzielać rad, które mogą prowadzić do zaniechania przez dziecko realizacji pomysłu powstałego w jego wyobraźni. Zniechęcanie do działania jest charakterystyczne dla rodziców nadmiernie

opiekuńczych. Tak bardzo chcą oni uchronić dziecko przed bólem i rozczarowaniem, że zrobią wszystko, by nigdy tych przykrych uczuć nie doznało. Nie tędy droga!

Prelegent
Warto tak wychowywać dzieci, by potrafiły radzić sobie z nieprzyjemnym uczuciem towarzyszącym niepowodzeniu. Jednocześnie trzeba się starać, by nie traciły świeżości myślenia, entuzjazmu i optymizmu. Czy to możliwe? Owszem, jeśli będziemy nad nimi mądrze rozpinać parasol ochronny, zamiast zamykać je w więzieniu zbudowanym z naszych własnych strachów. Powinniśmy przede wszystkim wzbudzać w dzieciach radość działania i sami w niej uczestniczyć.

Czy – jeśli wyrośliśmy już z wieku dziecięcego – możemy wrócić do tamtego entuzjazmu? Tak! Możemy go wzbudzić na nowo, niejako „przypomnieć" sobie i użyć w dorosłym życiu, by uczynić je szczęśliwszym, łatwiejszym i ciekawszym. Czy ten entuzjazm będzie inny niż dziecięcy? Zapewne będzie mniej beztroski, za to bardziej dojrzały, bo oparty jednocześnie na zaangażowaniu i doświadczeniu. Będziemy zdawać sobie sprawę z możliwych przeszkód, ale nie zbudujemy z nich bariery nie do przejścia. Pielęgnujmy więc w sobie dziecko, cieszmy się i bawmy tym, co robimy, nie wstydźmy się zapału, a wraz z entuzjazmem wróci do nas spontaniczna radość, żywiołowość, pasja, otworzymy się na nowe doznania i nowych ludzi. Najpierw jednak przyjrzyjmy się swojemu dzisiejszemu rozumieniu tego pojęcia. I, jeśli trzeba, zmieńmy negatywne przekonania na jego temat.

Przekonania wynikają często z wychowania i socjalizacji. W jakiś sposób je dziedziczymy. Jeśli w rodzinie i najbliższym otoczeniu będziemy się stykać z osobami pełnymi entuzjazmu oraz dobrej woli, życzliwymi i uśmiechniętymi, to mamy dużą szansę stać się takimi ludźmi. Jeśli zaś od dziecka wmawiano nam, że wszyscy wokół tylko czyhają na nasze potknięcia, że nikt nie ma dobrych intencji, a życie jest codzienną męką, wykrzesanie z siebie dobrych myśli i nadziei na spełnienie marzeń będzie bardzo, bardzo trudne. Pocieszające jest to, że jeśli uświadomimy sobie możliwość zmiany hamujących przekonań, możemy to zrobić. Przekonania bowiem nie są zależne od warunków zewnętrznych, a jedynie od naszego myślenia.

Tylko wiara i entuzjazm sprawiają, że warto żyć. OLIVER HOLMES

Być może na razie hasło „entuzjastyczny" otwiera w Twoim umyśle szufladę z zawartością: „Aaa... entuzjastyczny... A więc bezmyślny, pozbawiony możliwości refleksji, biorący się za coś bez zastanowienia. Nieprzygotowany. W gorącej wodzie kąpany. Naiwniak, głupiec...". Jeśli tak, nie jesteś odosobniony. Jednak nie masz racji. Definiowane w ten sposób nastawienie nie opisuje entuzjazmu. Entuzjazm nie polega na nagłym braniu się za cokolwiek, bez przemyślenia i przygotowania. To słomiany zapał, postawa udająca entuzjazm. Charakteryzuje wielu ludzi. Płomień rozpala się w nich nagle, start do działania następuje w jednej chwili. Tyle że każdy czynnik, który spowolni lub zatrzyma tę rozpędzoną lokomotywę, działa jak piasek wsypany w tryby maszyny. Budzi złość i zniechęcenie. Następuje jeszcze kilka równie nieprzemyślanych ruchów i... koniec. Rezygnacja. Maszyna się zepsuła. Zadanie, które miało sprawiać przyjemność, staje się męczącą robotą. Czy takie działanie może prowadzić do satysfakcji?

Narrator
Zastanówmy się, gdzie leży granica między entuzjazmem a naiwnością. To niełatwe do ustalenia. Należy wziąć pod uwagę całą osobowość konkretnego człowieka. Liczy się głównie zmysł przewidywania i zdolność do myślenia przyczynowo-skutkowego. Trudno, by wzorem entuzjazmu stała się osoba, która z wielkimi zapowiedziami, huraoptymizmem i buńczucznymi hasłami wielokrotnie rozpoczyna jakieś działanie, ale nie doprowadza go do końca, i nie wyciąga wniosków z popełnianych błędów, wciąż tych samych. W efekcie ląduje na pozycji zadowolonego z siebie w każdej sytuacji głuptasa, który spontanicznymi akcjami doprowadza bliskich do rozpaczy.

Prelegent
Huraoptymizm jest często argumentem, na który powołują się przeciwnicy entuzjazmu, aby

zdyskredytować tę cechę. Kim są ci, którzy radosną i twórczą postawę innych traktują z lekceważeniem, a nierzadko z wrogością? Często są to osoby nieszczęśliwe i zgorzkniałe, pozwalające, by życie przeciekało im między palcami. Umiejętność indywidualnego działania zmieniła się u nich w łatwość krytykowania każdego, kto chce żyć po swojemu i realizować własne plany. Z czego to wynika? Zapewne z odczucia, jak wiele sami utracili przez ciągłe wahania, ograniczenia, rezygnowanie z radosnej aktywności. Gorycz, która ich wypełnia, często przeradza się w zawiść. To przykre, że tacy ludzie przekazują swoje smutne spojrzenie na świat dzieciom, uczniom, pracownikom, znajomym. Im samym zabrakło entuzjazmu, jednak zamiast przyznać, że się mylili, odbierają innym prawo do takiej postawy.

Postaraj się uwolnić od wpływu takich osób, nawet jeśli są to Twoi bliscy. Mogą bowiem skutecznie zniechęcić Cię do snucia wizji i wytyczania nowych celów. Uznają je za mrzonki i dołożą wszelkich starań, byś nawet nie zaczął ich realizować. Może wyda się to dziwne, ale zwykle działają w dobrej wierze, bo chcą Cię chronić przed kłopotami. Jednak... w ten sposób blokują także Twoje dążenia do satysfakcjonującego życia. Jak można się zabezpieczyć przed destrukcyjnym zniechęcaniem do działania? Możesz spróbować wyjaśnić „zniechęcaczom" swój sposób postrzegania świata, by zaczęli go przynajmniej tolerować. Jeśli jednak to nie pomoże, lepiej ich unikaj lub zrezygnuj ze zbyt wczesnego dzielenia się z nimi swoimi pomysłami. Dobrym antidotum może być także znalezienie przeciwwagi, wzorca w postaci zaangażowanej i entuzjastycznej osoby, która wesprze Twoje zamierzenia.

Radość serca wychodzi na zdrowie, duch przygnębiony wysusza kości. PRZ 17:11

Kolejnym przekonaniem, które warto zmienić, by uwolnić swój entuzjazm, jest twierdzenie, że prawdziwa praca „musi boleć". Musi być ciężka, nieprzyjemna. Człowiek musi być „styrany". Jeśli nie jest, to znaczy, że pieniądze dostaje „za nic". Pewna reporterka zwykła mawiać o swojej pracy: „Dziwię się, że mi płacą, bo to, czym się zajmuję, sprawia mi ogromną przyjemność, więc za darmo też bym to robiła". Tak jakby uważała, że otrzymywanie zapłaty za pracę wykonywaną z radością nie jest uczciwe. Zastanówmy się, czy nie myślimy podobnie? Może podświadomie sądzimy, że nie wypada zarabiać na czymś, co człowiekowi sprawia ogromną frajdę?

Ktoś, kto pracuje z entuzjazmem, wykonuje pracę dokładniej i sumienniej niż inni. Dzięki temu ma wokół siebie zadowolonych klientów i szczęśliwych pracowników. Fryzjer z pasją podchodzący do swego zawodu wykorzystuje nie tylko umiejętności, lecz także własną inwencję, bo zależy mu na efekcie pracy. Kiedy widzi, że ludzie wychodzą z jego zakładu usatysfakcjonowani i z przyjemnością wracają, a na dodatek przyprowadzają nowe osoby, to dla niego największa zapłata. Dowód potwierdzający, że warto pracować dobrze, a jednocześnie pożywka dla entuzjazmu, który się rozwija, kiedy robimy coś z zamiłowaniem. Wyniki finansowe stają się wtedy kwestią drugorzędną.

Narrator
Widzimy więc, że entuzjazm to radość z działania. Ten stan umysłu dobrze oddaje angielskie

powiedzenie *enjoy the ride*, co znaczy „ciesz się z podróży". Podróż bowiem, czyli działanie, jest nie mniej ważna niż cel, do którego zmierzamy. Przypomnij sobie, jak ekscytujące jest przygotowywanie się do wyjazdu, przeglądanie przewodników, planowanie trasy, pakowanie się. To przyjemność, która pozwala poradzić sobie nawet z obawami przed lotem czy nieprzewidzianymi kosztami pobytu.

Aby mieć podobne odczucia w różnych innych sytuacjach życiowych, zacznij już dziś rozwijać entuzjazm. Zmiana negatywnych przekonań związanych z pojęciem entuzjazmu nie rozwiąże wszystkiego. To zaledwie początek.

Prelegent
Nawet jeśli dojdziemy do wniosku, że entuzjazm jest pojęciem pozytywnym i niesie same korzyści, warto to odczucie wzmocnić i utrwalić. Istnieją skuteczne metody rozwijające entuzjastyczne podejście do życia. Jedna z nich została opracowana przez psychologa Williama Jamesa, ale rozwinął ją amerykański pastor i autor książek z dziedziny rozwoju osobistego Normana Vincent Peale. Metoda Peale'a

polega na świadomej zmianie myślenia i zachowania, a nawet wyglądu, tak aby odzwierciedlały cechy, które zamierzamy w sobie wykształcić. To rodzaj wizualizacji, tyle że bardziej konkretnej, przeprowadzanej w umyśle, ale widocznej na zewnątrz. Punktem wyjścia jest założenie, że źródło każdej zmiany tkwi w naszych myślach i w dużym stopniu to my sami decydujemy, jacy jesteśmy, a raczej – jacy postanawiamy być.

> Aby być szczęśliwym, trzeba pragnąć, działać i pracować, taki jest porządek przyrody, której życie polega na działaniu. PAUL HOLBACH

Zastanów się przez chwilę nad swoim postępowaniem. Czy w każdym środowisku zachowujesz się jednakowo? Zapewne nie. Prawdopodobnie inaczej mówisz, inaczej wyglądasz, a nawet masz inną minę lub przybierasz inną postawę w zależności od tego, czy bierzesz udział w oficjalnych rozmowach handlowych, czy prowadzisz pogawędki z dobrze znanymi przyjaciółmi. Skoro możesz zmieniać swoje zachowanie i dostosowywać je do sytuacji, możesz też świadomie zaprogramować się na entuzjazm. To tym łatwiejsze, że – jak pisze Peale – entuzjazm nie towarzyszy nam stale. Związany jest bowiem z konkretną sytuacją, konkretnym celem lub zadaniem. Warto nauczyć się nim sterować, żeby w sytuacjach dla nas ważnych nie tylko dać się porwać chwilowej ekscytacji, lecz także zatrzymać ją na dłużej.

Dowodem skuteczności metody Normana Peale'a jest życie Franka Bettgera, handlowca i biznesmena, a także autora bestsellerowych książek z dziedziny motywacji i przedsiębiorczości. Bettger w młodości grał w bejsbol, ale długo był zawodnikiem co najwyżej przeciętnym, więc został wydalony z klubu. Na odchodne usłyszał, że jest leniwy i powinien wkładać w to, co robi, choć trochę entuzjazmu. Mimo tak miażdżącej oceny swojego zaangażowania, nie zrezygnował z gry. Przeniósł się do innego klubu. Może to wydawać się śmieszne, ale postanowił, że już nigdy nikt go nie posądzi o lenistwo. Bez względu na okoliczności zawsze będzie entuzjastyczny. To postanowienie było tak silne, że pokonał swoje słabości i na boisku dawał z siebie wszystko. Jak to zrobił? Najpierw wyobraził sobie siebie jako entuzjastycznego gracza, a potem to zrealizował. Determinacja w połączeniu z radością gry przyniosła nadspodziewane efekty. Metamorfoza Franka bejsbolisty była tak niezwykła, że nadano mu przydomek Beczka Entuzjazmu. Bettger sam był zdziwiony nagłym powodzeniem i aż tak dużą poprawą umiejętności. Uzmysłowił sobie, że gruntowna przemiana jest możliwa i należy tego próbować, jeśli tylko ma się na to ochotę. Ważne jest osobiste przekonanie, że chce się coś zrobić, a nie, że trzeba. Inaczej nie można spodziewać się poprawy. Jak mówi znane powiedzenie: „Najpierw działaj, potem oczekuj". W tym przypadku sprawdza się ono w 100 procentach.

Narrator
W każdym momencie życia do pogłębiania entuzjazmu przydaje się zdobywanie wiedzy. Nie tylko poprzez naukę szkolną, lecz także, a może przede wszystkim, poprzez poznawanie różnych aspektów życia, dorobku cywilizacji, przypatrywanie się innym oraz poprzez nabywanie specjalistycznych umiejętności. Wiedza jest jednym z czynników, na których opiera się entuzjazm. Niekiedy łączy się z nim w sposób

symbiotyczny. Związek między wiedzą a entuzjazmem widać zwłaszcza w dążeniach tej części młodego pokolenia, która aktywnie szuka swojej drogi życia.

Prelegent
Od jakiegoś czasu niektórzy młodzi wykształceni ludzie skupiają się wokół tak zwanych hackerspace'ów. W języku angielskim słowo *hackerspace* oznacza „pracownię kreatywną". Co to takiego? To miejsce, gdzie spotykają się osoby o podobnych zainteresowaniach, niekoniecznie specjaliści w jednej dziedzinie, by wspierać się wzajemnie i wzmacniać swój entuzjazm. Jak to robią? Dzielą się wiedzą, pomysłami i realizują wspólne projekty. Często nowatorskie. Jedno z przykazań hakerów (nie należy ich mylić z crackerami, czyli niszczycielami, którymi są na przykład włamywacze do cudzych kont) brzmi: „Świat jest pełen fascynujących problemów oczekujących na rozwiązanie". Czy to nie powrót do dziecięcej radości z poznawania świata? Przeciwieństwo powszechnej presji „tumiwisizmu", czyli nieangażowania się w nic, co nie przyniesie wyraźnej korzyści? Ludzie ci potrafili pozostać sobą, nie

zważając na ciągnącą się za nimi opinię dziwaków, z którą weszli w wiek dojrzewania, a potem w dorosłość. Szaleni, nieokiełznani, pełni niesamowicie pozytywnej energii, którą nauczyli się równie pozytywnie wykorzystywać. Czy innym pozostaje jedynie podziwianie ich hartu ducha i entuzjazmu? Niekoniecznie.

Początkowo hackerspace'y dotyczyły twórców wolnego oprogramowania. Obecnie pracownie kreatywne są tworzone także przez inne grupy zawodowe, a nawet pasjonatów różnych dziedzin. I tu dochodzimy do kolejnego ważnego wniosku. Chcesz być entuzjastyczny? Szukaj ludzi, którzy mają tę cechę i są otwarci na pomysły. Może zbudujesz własny hackerspace, czyli skupisz wokół siebie entuzjastów zainteresowanych podobnymi tematami lub mających potrzebną Ci wiedzę?

Rodzaj hackerspace'u wokół swoich działań stworzył Jerzy Owsiak, który od ponad 20 lat zbiera pieniądze dla szpitali. Zaczęło się od spontanicznie zorganizowanej akcji. Była ona odpowiedzią na dramatyczny apel kardiochirurgów z Centrum Zdrowia Dziecka rozpaczliwie szukających pieniędzy na sprzęt medyczny mogący uratować życie wielu chorych maluchów. Owsiak zaprosił lekarzy do swojej audycji „Brum" nadawanej w radiowej „Trójce". W kolejnych programach namawiał słuchaczy do wsparcia szpitala. Akcję kontynuował w tym samym roku na festiwalu w Jarocinie. Podszedł do sprawy odpowiedzialnie i entuzjastycznie. Zapewne dlatego jego apel spotkał się z ogromnym odzewem. Zebrano imponującą kwotę, za którą zakupiono potrzebne urządzenia. To zainspirowało dziennikarza. Wymyślił akcję charytatywną, będącą połączeniem zbiórki pieniędzy z dobrą zabawą i koncertami, w którą może się włączyć każdy, kto chce, i jak chce. Wielka Orkiestra Świątecznej Pomocy gra co roku na początku stycznia w Polsce i dużych skupiskach polonijnych na całym świecie. Za każdym razem zbiera miliony złotych. Jerzy Owsiak, połączenie charyzmy z nieposkromionym entuzjazmem i niezwykłą wprost pracowitością, w ten najważniejszy dla niego dzień w roku (najczęściej jest to druga niedziela stycznia) pracuje bez wytchnienia niemal 24 godziny (nie licząc gorących ostatnich tygodni przygotowań i kolejnych tygodni rozliczeń). Koordynuje pracę setek sztabów, zachęca do hojnego wspierania Orkiestry. Jest szczery, nie tłumi emocji i zaraża entuzjazmem tysiące ludzi. Ważny jest dla niego każdy: ten kto wrzuci jeden grosz, i ten, kto przekaże na aukcję kosztowności całego życia. Swoim współpracownikom i wolontariuszom daje poczucie, że ich praca jest naprawdę ważna. To nie są trybiki w maszynie, to współtwórcy! Warto przypominać sobie zaangażowanie i szczerość twórcy WOŚP, gdy przestajemy wierzyć w cel, nasz entuzjazm zaczyna słabnąć i przychodzi nam do głowy, by zrezygnować w pół drogi.

Przy okazji przypatrzmy się, jak Jerzy Owsiak dobiera ludzi do współpracy. Największą uwagę zwraca na ich postawę. Tę wskazówkę powinni brać pod uwagę kierownicy różnych szczebli szukający pracowników. W końcowym etapie rekrutacji wielu z nich ma prawdziwy dylemat: kogo wybrać – osobę z bardzo wysokimi umiejętnościami, ale zapatrzoną raczej w siebie niż w cel, czy osobę, która jest entuzjastyczna, otwarta i chętna do działania, ale… brakuje jej umiejętności. Umiejętności są bardzo ważne, jednak bez entuzjazmu nie przyniosą oczekiwanego efektu. Lepiej więc wybrać na przyszłego pracownika człowieka, który ma wiele zapału do czekających go zadań, niż takiego, o którym nie można z całą pewnością powiedzieć, że w nowej pracy będzie mu się chciało wykorzystać wszystkie posiadane atuty.

Osoba bez entuzjazmu nie wzbudza zaufania ani do swoich poczynań, ani do przedsięwzięć swojej firmy. Osłabia też zapał innych. Ale... to działa także w drugą stronę. Entuzjazm bowiem jest zaraźliwy, więc człowiek z entuzjazmem potrafi przekazać go innym. Warto mieć kontakt z ludźmi, którzy robią coś z pasją, nawet jeśli to jest tylko hobby, na przykład wędkowanie lub zbieranie znaczków. Szczególną wagę ma jednak entuzjazm w sferze zawodowej, gdzie postawa decyduje często o powodzeniu całego projektu.

Narrator
Jeśli chcesz odczuwać entuzjazm, powinieneś wierzyć w wartość tego, co robisz. Czy wyobrażasz sobie determinację konstruktora pojazdu latającego, który nie wierzy, że jego wynalazek kiedykolwiek wzniesie się w powietrze? Albo zapał trapera, który uważa, że pokonywanie pieszo

długiej drogi jest bez sensu? Oczywiście, że nie. Jeśli więc pragniesz wzbudzić w sobie entuzjazm do jakiegoś pomysłu lub projektu, zastanów się najpierw, czy rzeczywiście chcesz go zrealizować, czy cel w Twojej ocenie wart jest wysiłku? Jeśli dojdziesz do wniosku, że nie bardzo Ci na nim zależy, lepiej zrezygnuj, bo będziesz się męczył, a Twoje starania przyniosą mierny skutek. Lepiej zmienić cel niż stracić radość życia.

Prelegent
I tu dochodzimy do kolejnego sposobu wywoływania entuzjazmu. Ciesz się życiem i doceniaj jego dobre strony. Poznaj siebie i odkryj, co sprawia Ci autentyczną przyjemność. Czy wiesz, jak wiele osób nie dostrzega wokół siebie piękna i dobrych zdarzeń? Widzą jedynie to, co brzydkie, co się nie powiodło. Jeśli masz podobne nastawienie, postaraj się je zmienić. Zacznij od uśmiechania się do siebie i innych. Czy zwróciłeś uwagę, że osoby, które mają naturalny, szczery uśmiech, są mile widziane w każdym towarzystwie i szybciej załatwiają sprawy w różnych instytucjach? Uśmiech i naturalność potrafią zjednać sympatię otoczenia i poprawiają

nastrój w gorsze dni. Spójrz na siebie przyjaźnie, w końcu środowisko możesz zmienić, a z sobą pozostaniesz przez całe życie.

Popatrz na życie jak na dar, z którego warto się cieszyć, bo drugiej okazji nie będzie. Otrzymałeś je, ale możesz wykorzystać dowolnie. Czemu więc nie miałbyś sprawić, by było szczęśliwe? Tutaj także możesz zastosować zasadę, że świat jest taki, jak Twoje myślenie o nim. Myśl więc pozytywnie, zauważaj dobre strony każdego dnia, dopuść do głosu wyobraźnię, a to z pewnością zaowocuje... między innymi wzrostem entuzjazmu.

Dziecko poszukuje dziecka w każdym, kogo spotka. Jeśli znajdzie je w dorosłym, podoba mu się ta osoba bardziej niż inne. WILLIAM SAROYAN

Entuzjazm karmi się marzeniami, ale zazwyczaj potrzebuje impulsu, by się ujawnić. Jak odnaleźć zdarzenia, które mogą go wywołać? Bądź otwarty na wszystko, co się dookoła dzieje. Patrz z uśmiechem na ludzi, którzy się ubierają inaczej niż wszyscy. Przyjrzyj się z życzliwością prowokującym fryzurom nastolatków. Czy muszą Ci się podobać? Nie! Czy Ty musisz wycinać we włosach kółka albo farbować czubek głowy na zielono? Absolutnie nie! Ale czyjaś fryzura nie wyrządza Ci żadnej szkody, popatrz więc na to bez oburzenia i życzliwie. Przypomnij sobie kilka własnych zachowań z wczesnej młodości, które były pewnego rodzaju buntem wobec dorosłych, postrzeganych przez młodzież jako zastygłych i bez wyobraźni. I co tu ukrywać! Często słusznie. Możesz zapobiec przemianie w takiego człowieka. Stań się wyrozumiały i ćwicz spontaniczność. Zmieniaj się! Zmieniaj sposób ubierania, miejsce zamieszkania, miejsce pracy. Zmieniaj drogi, którymi chodzisz, rytm dnia, rytm tygodnia, sposób spędzania wolnego czasu. Zrealizuj to, o czym myślisz skrycie: „chciałbym, ale…"? Wyrzuć z myślenia to „ale", jeśli tylko Twoje zamierzenia nikogo nie krzywdzą. Możesz wiele. I z tej wielości czerp entuzjazm.

Jeśli brakuje Ci czasu, spróbuj godzinę wcześniej położyć się spać i godzinę wcześniej wstać z łóżka. Twój poranek okaże się zapewne dużo mniej nerwowy. Ze spokojem wypijesz poranną kawę i co najważniejsze: będziesz miał czas entuzjastycznie nastawić się do czekających Cię zadań. Pogimnastykuj się, posłuchaj optymistycznej muzyki, przez chwilę miło porozmawiaj z kimś z rodziny. Zrób plan dnia, jeśli nie sporządziłeś go poprzedniego wieczoru. Spisz zadania na kartce. Może okaże się, że wcale nie jest ich tak wiele, jak myślałeś? Może wygospodarujesz tego dnia jeszcze jakąś godzinkę na spotkanie z przyjaciółmi?, ulubiony sport?, pójście na koncert lub wystawę, która się kończy? Wykorzystaj nadchodzący dzień jak najlepiej.

Nie wszystko, co robimy, musi być podporządkowane jakiemuś konkretnemu celowi. Może się zdarzyć, że ulegniemy chwilowemu zaciekawieniu i zajmiemy się czymś pozornie niepotrzebnym. Nie powinniśmy tego traktować jak stratę czasu. Niekiedy coś, co poznaliśmy niejako przez przypadek, przyda się dużo, dużo później. Przypomnijmy sobie Steve'a Jobsa i jego zainteresowanie kaligrafią. Gdy uczył się kształtnego pisma, nie przyszło mu do głowy, że znajomość budowy i krojów czcionek kiedykolwiek do czegokolwiek może mu się przydać. No, poza zrobieniem ładnej laurki. Okazało się inaczej i dzisiaj korzystamy z tego wszyscy. Gdyby nie jego przejściowa pasja, być może do teraz komputery osobiste nie dysponowałyby pięknymi czcionkami, stworzonymi według zasad kaligraficznego pisania.

Takie chwilowe zainteresowanie nie powinno jednak zatrzymać Twoich dążeń. Aby entuzjazm był właściwie wykorzystany, potrzeba wartościowego celu. Co należy rozumieć pod pojęciem „wartościowy"? Wartościowy to taki, który rzeczywiście chcesz osiągnąć. Ty sam! Nie Twoja rodzina, otoczenie, znajomi, współpracownicy. Cel może być spójny z ich dążeniami, ale to przede wszystkim Ty powinieneś się z nim identyfikować. Staraj się więc, by był zgodny z Twoimi wartościami nadrzędnymi. Zobacz konkretne korzyści (niekoniecznie materialne), które z niego wynikną. Zaplanuj kolejne kroki. Dobrze przemyślane plany dadzą Ci motywację, by codziennie rano z radością wstawać z łóżka i spełniać swoje marzenia. Zapewne przyda Ci się także asertywność, czyli umiejętność wyrażania własnego zdania i odmowy zachowywania się w sposób odpowiadający oczekiwaniom innych, ale niezgodny z Twoimi dążeniami i przekonaniami.

Pozwoli Ci ona poprawić niekorzystną sytuację, zrezygnować z nielubianej pracy lub z tradycyjnego dla Twojego środowiska stylu życia, jeśli okaże się ograniczający. Zmniejszy obawę przed zmianami, które mogą stać się początkiem nowego otwarcia, życia na zupełnie innym jakościowo poziomie.

Narrator
Podsumujmy to, o czym mówiliśmy do tej pory. Czego potrzebujemy, by pojawił się entuzjazm, rozumiany nie tylko jako stan uniesienia i radości, lecz także jako silna pozytywna emocja determinująca działanie? Tą iskrą, która budzi płomień entuzjazmu, może być niespodziewane spotkanie, intrygująca rozmowa, inspirujący program telewizyjny. By jednak iskra entuzjazmu nie zgasła zbyt szybko, powinniśmy sięgać do jego pokładów ukrytych w każdym z nas. Nie dopuśćmy, żeby porażki i rozczarowania wieku dorosłego zepchnęły dziecięcą radość tworzenia i działania na margines życia. Otaczajmy się ludźmi życzliwymi, radosnymi, pełnymi pasji (czyli po prostu innymi entuzjastami!), by nie ulegać fałszywym przekonaniom,

które zniekształcą obraz rzeczywistości i zniechęcą nas do działania.

Pamiętajmy, że kontakt z osobami pełnymi zapału przyniesie też dodatkowy skutek. Unikniemy istotnego dla entuzjazmu zagrożenia, czyli ludzi-zniechęcaczy zatruwających innym życie gorzkimi refleksjami, lekceważeniem czy wręcz wrogością. Strzeżmy się ich. Potrafią skutecznie ugasić zapał i osłabić zaangażowanie.

Czy chciałbyś znów, jak dziecko, odczuwać entuzjazm? Tak samo radosny, ale nie tak beztroski? Zacznij działać! By się pojawił, potrzebne jest właśnie działanie. Działanie poparte wiedzą, którą warto zgłębiać niezależnie od tego, co planujesz robić. Działanie, które nie zakłóci radości życia, a wręcz ją wzmocni i utrwali. Jeśli się rozejrzysz, odnajdziesz sprzymierzeńców. Przyjazne otoczenie dające poczucie wzajemnego zaufania i zrozumienia, marzenia, jasno określony cel, wiedza i radość życia to znaki, które nie pozwolą Ci zgubić drogi do entuzjazmu i ułatwią pokonywanie przeszkód.

Jakie przeszkody – poza destrukcyjnymi przekonaniami oraz zniechęcaczami, o których już mówiliśmy – mogą blokować entuzjastyczną postawę wobec planów i celów? Jak je rozpoznać i pokonać? To ważne pytania. Warto znaleźć na nie odpowiedź.

Prelegent
Istotną przeszkodą w odczuwaniu entuzjazmu może być brak zdrowia. Bez niego dużo trudniej o dobre samopoczucie, a tym samym o entuzjazm. Dbajmy więc o nasze ciało, właściwie się odżywiając i prowadząc higieniczny tryb życia. W ramach profilaktyki raz na kilka lat przeprowadzajmy gruntowne badania, które upewnią nas, że z naszym organizmem wszystko jest w porządku, lub pozwolą wykryć chorobę w pierwszym jej stadium, co zwiększy szanse na wyleczenie.

Pełna sprawność nie jest jednak warunkiem koniecznym do osiągania sukcesów i realizowania celów. Ludzie z niepełnosprawnością potrafią mieć bardzo wiele entuzjazmu i podejmują się zadań, które byłyby wyzwaniem nawet dla ludzi zdrowych fizycznie. Przykładem jest Stephen Hawking. Większość z nas wie, że to znany fizyk, autor i współautor wielu odkryć z dziedziny kosmologii. Okazuje się, że nie tylko. To także pisarz, uczestnik widowisk telewizyjnych i lektor, którego możemy usłyszeć w filmach animowanych oraz piosenkach znanych wykonawców, na przykład zespołu Pink Floyd. Czy byłoby to możliwe, gdyby nie podchodził do życia entuzjastycznie?

> Jeśli cel przyświeca, sposób musi się znaleźć.
> ANDRZEJ SAPKOWSKI

Niezwykłym entuzjazmem wyróżniają się niepełnosprawni sportowcy. Z chęcią trenują i pokonują własne słabości. Do ich grona należy na przykład Anthony Kappes – niewidomy kolarz z Wielkiej Brytanii, czterokrotny mistrz świata i dwukrotny mistrz olimpijski (zwyciężył w 2008 roku w Pekinie i w 2012 roku w Londynie). Imponujące są też osiągnięcia innego pełnego entuzjazmu sportowca. Norweg Jostein Stordahl, który jako siedemnastolatek stracił nogę w wypadku kolejowym, uprawia aż trzy dyscypliny sportowe: curling (bardzo popularny w Skandynawii), podnoszenie ciężarów oraz żeglarstwo. Nie wszędzie i nie zawsze wygrywa z innymi, ale zawsze wygrywa z sobą i dla siebie.

Z niepełnosprawnością i chorobami zetknęli się tylko niektórzy z nas, natomiast z innym destrukcyjnym czynnikiem – niemal każdy. Mowa o stresie, kolejnej przeszkodzie w odczuwaniu entuzjazmu i przyczynie większości naszych życiowych niepowodzeń. Stres – mniejszy lub większy – towarzyszy nam stale. W małej dawce jest nieszkodliwy, w nadmiarze może wywołać bardzo poważne dolegliwości. Jest nie tylko przyczyną problemów emocjonalnych, lecz także ma zgubny wpływ na nasze zdrowie. Ludzie poddani długotrwałemu działaniu czynników stresogennych mogą popaść w uzależnienia, cierpią z powodu kłopotów z układem krążenia, pokarmowym bądź nerwowym. Stają się apatyczni i zniechęceni do życia. Stres może poważnie osłabić entuzjazm. W walce z nim najważniejsze jest dociekanie i zwalczanie przyczyn, a nie łagodzenie skutków, czyli tzw. leczenie objawowe.

Tylko jedno może unicestwić marzenie. Strach przed porażką. PAULO COELHO

Rozpoznanie stresora wywołującego silne napięcie i paraliżującego codzienne czynności pozwoli na stopniowe osłabienie jego oddziaływania. Jeśli to możliwe, należy unikać sytuacji, w których się pojawia. Jeśli nie, kluczowa staje się zmiana nastawienia. Pierwszym krokiem jest pogodzenie się z istnieniem czynnika stresującego, drugim – wzięcie go pod uwagę w swoich planach. Zmiana nastawienia może spowodować redukcję stresu z poziomu destrukcyjnego do motywującego, a co za tym idzie znaczną poprawę samopoczucia i przypływ nowych sił. To nie jest proste, zwłaszcza że czynniki stresogenne często są związane z różnego typu lękami. Dlatego w sytuacjach, w których sami nie możemy sobie poradzić, warto zwrócić się o pomoc do dobrego psychologa lub doświadczonego i sprawdzonego psychoterapeuty.

Neutralizowaniem czynnika stresogennego należy się zająć, zanim stres osiągnie zbyt wysoki poziom. Wówczas bowiem organizm uwalnia się od niego sam, niekiedy w sposób niekontrolowany. Prawdopodobnie przynajmniej raz w życiu znalazłeś się pod wpływem długotrwałego stresu, aż wreszcie, nie bacząc na nic, powiedziałeś: „Dość! Dłużej nie będę tego znosił!". Okazywało się wtedy, że można było przeciąć sytuację stresową jak wrzód. Przez chwilę bolało mocniej, ale potem robiło się znacznie, znacznie lżej. Nie zawsze jednak ostateczny rezultat takiego zabiegu okazuje się pozytywny.

Narrator
Czy ma sens czekanie do chwili, kiedy zmiany będzie można przeprowadzić już tylko rewolucyjnie albo dokonają się one same ze szkodą dla wszystkich? Lepiej reagować w momencie, gdy zdamy sobie sprawę, że głównym stresorem jest to, czym się zajmujemy, lub osoba, z którą przebywamy. Dalsze angażowanie się w stresującą sytuację byłoby jedynie stratą czasu i energii. Zwykle uświadomienie sobie tego wystarczy, żeby nabrać dystansu, wyciągnąć wnioski i zacząć proces zmian.

Spróbujmy się też zastanowić, czy sytuacja, która dziś wzbudza w nas tyle przykrych odczuć, będzie dla nas równie ważna za rok, za pięć, za dziesięć lat? Może się okazać, że już samo wyobrażenie dystansu czasowego zmniejszy jej negatywne oddziaływanie na nasze emocje. Emocje bowiem łączą się z bardzo silnymi doznaniami, ale z czasem słabną. Pomyśl, ile razy okazywało się, że Twoje wzburzenie jest zupełnie niepotrzebne, że sprawę – wydawałoby się bardzo istotną – można było rozwiązać inaczej. Że jakieś wydarzenie po czasie raczej Cię śmieszyło niż złościło. Zwłaszcza gdy przypomniałeś sobie, jak miotałeś się bezsilnie, wybuchając co jakiś czas gniewem, zamiast konstruktywnie zająć się problemem.

Prelegent
Warto wypróbować skuteczność kolejnej metody. Jest nią poszukiwanie humorystycznego aspektu problemu. Niekiedy mózg wykorzystuje ten sposób bez naszego przyzwolenia. Zapewne miałeś okazję obserwować, jak w sytuacji niezwykle wysokiego napięcia trudno było komuś utrzymać powagę. Może nawet parsknął śmiechem. Taka reakcja jest rodzajem wentyla bezpieczeństwa. Osłabia stres, a więc może ratować człowieka przed naprawdę poważnymi konsekwencjami zdrowotnymi, na przykład udarem mózgu czy atakiem serca. Warto wykorzystać ochronne działanie śmiechu. Spróbuj roześmiać się nawet teraz, bez powodu. To jakby powrót do dzieciństwa z jego beztroską i cieszeniem

się z drobiazgów. Skoro śmiech potrafi wywołać tyle dobrych uczuć, naucz się stosować go świadomie do eliminowania nadmiaru stresu. W sytuacji stresowej, zanim cokolwiek zrobisz w kierunku jej rozwiązania, zorganizuj sobie na przykład „dzień dziecka". Zbuduj coś z klocków lego. Kup watę cukrową, lody lub idź do wesołego miasteczka. Obejrzyj swój ulubiony film, z tych dozwolonych od lat siedmiu. Jeśli masz taką możliwość, włącz w to dzieci, własne lub zaprzyjaźnione z Twoją rodziną. Zabawa z nimi da Ci czas niezbędny do nabrania dystansu. Pozwoli cieszyć się chwilą. Zmęczy fizycznie, ale osłabi negatywnie działające napięcie psychiczne. Już Johannes Kepler zauważył, że radość jest potrzebą, siłą i wartością życia. Warto to zapamiętać. Stres można rozładować także poprzez sport i aktywność fizyczną, relaksującą muzykę, właściwe oddychanie. Pomaga również otaczanie się życzliwymi ludźmi, ludźmi, którzy nas zrozumieją.

Radość jest potrzebą, siłą i wartością życia.
JOHANNES KEPLER

Kolejną przeszkodą w odczuwaniu entuzjazmu są kompleksy. Dotyczą one nie tylko wyglądu, lecz także własnych możliwości umysłowych. Przekonanie o braku umiejętności logicznego myślenia czy braku zdolności, o tym, że inni są od nas lepsi w wielu dziedzinach, skutecznie blokuje entuzjastyczne nastawienie do realizowanych planów. Niekiedy wychodzimy z błędnego założenia, że to, co my umiemy, potrafią wszyscy, bo to żadna umiejętność. Jeśli na przykład jesteśmy skuteczni w rozmowach z klientem i przeprowadzamy korzystne negocjacje, wydaje nam się, że to łatwe dla każdego. Jeśli podpisaliśmy kontrakt na znaczną sumę, to pewnie każdy by tego dokonał. Jeśli radzimy sobie z remontem mieszkania czy ogrodem, to znaczy, że to niewielka sztuka. Do tego sądzimy, że wszelkie umiejętności i talenty, których nie mamy, są więcej warte od tego, czym możemy się wykazać. Umacniamy w sobie to przekonanie, reagując na pochwały słowami: „To nie moja zasługa", „Każdy by tak zrobił", „E, to nic takiego". Tym samym sugerujemy osąd: „Jestem taki zwyczajny", „Nie ma we mnie nic szczególnego i godnego uwagi". To smutne, że siebie samych traktujemy w ten sposób. Deprecjonowanie własnej osoby przynosi wiele negatywnych skutków, a jedynym z istotnych jest pozbawianie się szansy na entuzjazm.

Narrator
Czy możemy być entuzjastyczni w jakiejkolwiek sytuacji, jeśli sądzimy, że blokuje nas brak talentów i umiejętności, czyli mocnych stron? Czy chętnie zabierzemy się do pracy i będziemy z przyjemnością ją wykonywać, jeśli z góry założymy, że nic dobrego z tego nie wyniknie? To mało prawdopodobne. Gdybyśmy włożyli tyle samo wysiłku w rozwijanie wiary w siebie, ile wkładamy go w pozbawianie się wartości, nasz entuzjazm wzrósłby tak bardzo, że moglibyśmy „góry przenosić". Warto więc nad tym popracować. Co zrobić, żeby ruszyć w dobrym kierunku?

Prelegent
Poobserwuj siebie przez kilka dni. Analizuj każdą swoją rozmowę z drugim człowiekiem. Zwróć uwagę na to, jak reagujesz, kiedy ktoś Ci dziękuje albo mówi komplement. Czy odpowiadasz

w sposób, który nie umniejsza Twojej zasługi? Czy cieszysz się z docenienia i miłych słów? Czy potrafisz to okazać? Przyjrzyj się także swojej reakcji, gdy pojawia się coś do wykonania. Czy wprawia Cię to w popłoch, czy traktujesz nowe zadanie jak początek ciekawej przygody? Wielu ludzi, jeśli proponuje im się coś nowego, z góry rezygnuje, mówiąc, że nie potrafią. W ogóle nie zauważają, że właśnie stracili okazję – być może jedyną – by się tego nauczyć. Niektórzy uważają za swój plus, że zajmują się jedynie tym, co już dobrze umieją. Czy słusznie? Z pewnością nie. Taka droga prowadzi do nudy, stagnacji i przekonania, że życie jest niewiele warte. Jeśli zaobserwujesz w sobie podobne symptomy, zdemaskuj kompleksy i zajmij się ich rozbrajaniem.

Zacznij od zmiany przekonania, że nie wypada doceniać swoich umiejętności. Niektórzy błędnie sądzą, że wiara we własne zdolności i przyznawanie się do ich posiadania to brak skromności i pokory. Nic bardziej mylnego. Brak pokory to niedocenianie ludzi i poczucie, że jest się lepszym od innych. Że własne talenty, cechy, umiejętności, wygląd, pochodzenie czy majątek są więcej warte niż to, w co wyposażeni są inni. Człowiek pokorny docenia to, co ma, ale nigdy nie stawia się ponad innymi. Traktuje każdego z takim samym szacunkiem i życzliwością. Zdaje sobie sprawę, że ludzie się wzajemnie uzupełniają i każdy od każdego może się czegoś nauczyć. Nie mów więc o czymś, co dla kogoś zrobiłeś: „To nic takiego, każdy by mógł to zrobić". Lepiej użyj zdania: „Cieszę się, że moje umiejętności mogły Ci się przydać". Postaraj się przestawić myślenie na takie tory. Pomoże Ci w tym afirmowanie. Przygotuj zestaw zdań, które będziesz powtarzać rano i wieczorem, żeby przyjęła je Twoja podświadomość, na przykład: „Jestem ekspertem od...", „Znam się na...", „Poradzę sobie z..." itp.

> Taki powinien być młody człowiek. Obojętnie, czym by się nie zajmował, jego zapał nie powinien znać umiaru, a on sam zmęczenia. JANE AUSTEN

W entuzjastycznym podejściu do zadań może przeszkadzać nieśmiałość. To cecha, która mocno ogranicza możliwości. Zwłaszcza w pracy, w której konieczny jest nieustanny kontakt z ludźmi, na przykład z klientami. Jak bowiem podchodzić entuzjastycznie do spotkania z klientem, jeśli człowiek odczuwa obawę przed kontaktem z innym człowiekiem?

Jeśli masz tego typu pracę, a w entuzjastycznym jej wykonywaniu przeszkadza Ci nieśmiałość, możesz skorzystać z metody, którą stosował wspomniany już Frank Bettger. Wyobraź sobie swojego klienta jako równorzędnego partnera biznesowego, a następnie przeprowadź kilka prób rozmowy przed lustrem. Obserwuj, czy jesteś wiarygodny. Układaj całe fragmenty dialogu. Zapamiętuj formuły. Przewiduj pytania. Ćwicz argumentację. Dopiero gdy nie sprawi Ci to trudności i Twoje wypowiedzi będą płynne, umów się na rozmowę telefoniczną lub spotkanie. Dzięki tej metodzie możesz zminimalizować słabości, skorygować błędy, przeprowadzić zmiany zgodnie z własnym planem. Konsekwentne jej stosowanie prędzej czy później przyniesie pozytywne efekty i poprawi Twoje samopoczucie oraz skuteczność działania. Twoim sprzymierzeńcem będzie rosnące doświadczenie. Z każdą rozmową staniesz się pewniejszy, mimo że nie każda zakończy się sukcesem.

Narrator
Co zmienia się w człowieku, który poradził sobie z poczuciem niedowartościowania i wzmocnił swój entuzjazm? Nietrudno się domyślić, że wiele, bo łączy się z tym satysfakcja z własnych działań. Taka osoba jest życzliwsza, ma lepsze relacje z otoczeniem, odważniej dzieli się pomysłami i pomaga innym w rozwiązywaniu problemów. Staje się też bardziej twórcza i ma w sobie więcej radości. Prawda, że warto stać się kimś takim?

Prelegent
Niektórzy ludzie twierdzą, że nie mogą odczuwać entuzjazmu, jeśli nic nigdy im się nie udaje. Czy na pewno „nic" i „nigdy"? Czy tylko odbierają niepowodzenia tak boleśnie, że przestają dostrzegać własne sukcesy lub ich nie doceniają, podobnie jak nie doceniają swoich mocnych stron? Wstydem nie jest porażka, lecz zaniechanie próby zrobienia czegoś. „Jak się nie przewrócisz, to się nie nauczysz!" – to powiedzenie dotyczy nie

tylko jazdy konnej, jazdy na łyżwach czy nartach. Każdy z nas wielokrotnie „się przewraca", robi coś nie tak. Każdemu z nas od czasu do czasu coś się nie powiedzie. To oczywiste. Nauczmy się, podobnie jak Thomas Edison, każdą porażkę traktować jak krok do sukcesu. Będziemy wówczas potrafili przyjmować je naturalnie i nie odczuwać zażenowania z ich powodu.

> Szczęście nie przychodzi z zewnątrz. Zależy od tego, co jest w nas samych. DALE CARNEGIE

Warto wypracować w sobie przekonanie, że porażki to tylko kolejne doświadczenia oraz zadbać o to, by nie wpływały one negatywnie na poczucie własnej wartości. W tym celu możesz na przykład codziennie wieczorem robić pozytywne podsumowanie dnia. Przypomnij sobie kilka udanych momentów. Zastanów się, co dobrego i wartościowego zrobiłeś. Najlepiej zapisz to. Wróć do notatki następnego ranka. Przeczytaj głośno swoje zapiski. Może się okazać, że staną się dla Ciebie źródłem entuzjazmu na cały dzień.

Różnorodne przeciwności napotykamy w życiu codziennie. Nie należy im się poddawać.

Warto brać przykład z Walta Disneya. Był człowiekiem wielu zawodów: producentem filmowym, reżyserem, przedsiębiorcą, scenarzystą, a nawet aktorem. Energiczny i emanujący entuzjazmem. Cechy te ujawniły się najmocniej, gdy koło Anaheim w Kalifornii postanowił utworzyć słynny później Disneyland, park rozrywki o niespotykanych dotąd rozmiarach. Początkowo nikt nie traktował jego pomysłu poważnie. Do swojej wizji Disney musiał przekonać nie tylko współpracowników, lecz także urzędników i bankierów, którzy długo nie chcieli finansować ryzykownego przedsięwzięcia. Był jednak entuzjastyczny i konsekwentny. To przyniosło efekt. Stworzył miejsce, w którym wszyscy, i mali, i duzi, czują się szczęśliwi. Mali, bo znaleźli się w swoim wymarzonym świecie, a duzi, bo mogą wrócić do beztroskich lat dzieciństwa. W Disneylandach (teraz to już sieć parków na całym świecie) znikają podziały wiekowe, rasowe, światopoglądowe, a nawet językowe. Ludzie z różnych części naszego globu potrafią tam porozumiewać się ze sobą bez najmniejszego problemu, ponieważ wszyscy mówią jednym językiem:

językiem radości, dziecięcej fantazji i miłości. Dla wszystkich czas się zatrzymuje. Warto zobaczyć dorosłych w górskiej kolejce, w krainie lalek czy labiryncie Alicji z Krainy Czarów! Błyszczące oczy, otwarte w śmiechu lub zachwycie usta. Jedynie entuzjasta mógł wymyślić coś, co zarażałoby radością miliony osób z całego świata.

Narrator
Przeszkody w odczuwaniu entuzjazmu będą miały tylko taką rangę, jaką sam im nadasz. Traktuj więc je jak zjawisko naturalne, z którym należy się pogodzić. Nie lekceważ ich, ale też nie przypisuj im jakiegoś większego znaczenia. Nie pozwól, by wpływały na Twoje poczucie własnej wartości. Miej świadomość ich istnienia i pokonuj śmiało jedną po drugiej. Nie zapominaj o tym, że każda przekroczona bariera nasila entuzjazm i jednocześnie wzmacnia pozostałe cechy kluczowe, przede wszystkim wiarę w siebie, wytrwałość i odwagę. Nie wystarczy jednak poradzić sobie z przeszkodami i rozwinąć w sobie entuzjazm, trzeba jeszcze go utrzymać. Jak? Zastanówmy się wspólnie.

Prelegent
Entuzjazm podlega silnym wahaniom i może szybko osłabnąć nawet wtedy, gdy cel, który nakreśliliśmy, jest ambitny, a korzyści z jego realizacji widoczne i oczywiste. Po krótkim okresie oczarowania pomysłem i szalonej chęci realizowania go przychodzi coś w rodzaju zniechęcenia. Jeśli pomysł jest wart kontynuacji, można je pokonać, tak jak każdą inną trudność. Naturalna utrata zapału na wstępnym etapie realizacji projektu ma nawet swoje zalety. Uruchamia się wtedy istotna cecha kluczowa, odsuwana zwykle podczas początkowej euforii. Jest nią realizm. Chwilowa utrata entuzjazmu lub jego osłabienie pozwala realizmowi włączyć się w projektowanie działań, czyli ocenić to, co już zostało zrobione i nakreślić dalszy plan pracy.

> Odrobina wiary jest warunkiem powodzenia każdego przedsięwzięcia. MARGO JONES

Korzystając z realistycznego spojrzenia na projekt, warto podzielić drogę do celu na etapy. Każdy z nich powinien być zakończony małym celem, czyli drobnym sukcesem, który zwiększy motywację i zapał. Stopniowo entuzjazm będzie coraz mniej zależny od chwilowych trudności. Może mieć nieco niższy poziom niż na początku, ale stanie się bardziej stabilny, mniej narażony na duże wahania.

Ważna jest nieustanna świadomość celu. Jeśli chcesz trafić lotką w najmniejsze środkowe koło, musisz się w nie wpatrywać. Gdy na chwilę odwrócisz wzrok, prawdopodobnie chybisz. Skupiaj się na celu. Myśl o nim. Stosuj omówioną już metodę wizualizacji, włącznie z wyobrażaniem sobie wspaniałego uczucia, jakie towarzyszy zwycięstwu. Świadomość celu powinna łączyć się z konsekwencją. Bez niej na nic się zdadzą najbardziej rozbudowane wyobrażenia, pięknie rozpisany plan i kolejne inspiracje. Jeśli wiesz, że cel jest wart Twojego wysiłku, idź do przodu. Nie oglądaj się, nie szukaj pretekstów do przerw, tylko idź, pokonuj kolejne etapy. Bez działania nie ma osiągnięć.

Werner Herzog już w wieku 12 lat postanowił, że zostanie reżyserem, a w jego filmach będzie występował znany aktor, którego widywał codziennie na swojej ulicy. Jako dziecko

Herzog był bardzo nieśmiały. Nie chciał nawet występować przed klasą. Żeby zdobyć wymarzony zawód, najpierw zaczął czytać encyklopedię kina. Zrozumiał wtedy, że reżyserowi najbardziej potrzebna jest kamera. Zdobył ją. Potem pracował w hucie jako robotnik, by zgromadzić fundusze na pierwszy film. Miał niewiele ponad 20 lat, kiedy założył własną firmę producencką. To był kolejny krok przybliżający go do celu. Wiele jego filmów fabularnych i dokumentalnych przyniosło mu uznanie krytyki i pieniądze. To dowód, jak dużo może zdziałać entuzjazm w połączeniu z konsekwencją. Jeśli sprawisz, by ta para była nierozłączna, wcześniej czy później zdobędziesz to, czego pragniesz.

Każdego wieczoru, gdy podsumowujesz miniony dzień i przypominasz sobie jego najlepsze momenty, spróbuj określić ich wpływ na zbliżanie się do celu, który sobie postawiłeś. Możesz przygotować kartkę (papierową lub wirtualną) i wyrysować na niej symboliczną drogę do celu i jej kolejne etapy, a potem będziesz zaznaczał codziennie (jeśli cel jest długofalowy, to raz na tydzień, na miesiąc lub na kwartał) miejsce, do którego doszedłeś. Nie zapomnij po osiągnięciu kolejnego etapu dorysować zadowolonego ludzika, uśmiechniętą buźkę lub postawić wykrzyknik jako oznakę radości. Metody proste często są najbardziej skuteczne.

Narrator
Entuzjazm jest niezwykle ważny w kierowaniu zespołem. Jeśli jesteś kierownikiem dowolnego szczebla, powinieneś stać się osobą emanującą entuzjazmem i zadbać o to, by członkowie zespołu byli, podobnie jak Ty, entuzjastycznie nastawieni do pracy. Jak to zrobić? Prawdopodobnie sam możesz znaleźć najlepszy sposób. W dzisiejszych czasach bardzo często mamy do czynienia z pracą projektową. W tym samym zespole raz będziesz kierownikiem, innym razem wykonawcą konkretnego zadania na jakimś etapie realizacji projektu. To daje Ci szansę sprawdzenia, które zachowania kierowników wpływają pozytywnie na Twój entuzjazm. Możesz te zachowania powielać później, gdy sam będziesz zarządzał projektem lub jego częścią.

Prelegent

Istnieje kilka warunków, które dobry kierownik powinien spełnić, by jego zespół z entuzjazmem wykonywał zadania. Dużo lepsze wyniki osiągają ci, którzy myślą o innych nie jak o podwładnych, ale jak o współpracownikach. **Potrafią słuchać**, nie obawiają się zapytać, wyrażać wątpliwości. Rezygnują z okazywania przewagi wynikającej ze stanowiska. Nie podnoszą głosu, nie używają argumentu: „Ja tak chcę i już!", liczą się ze zdaniem innych. Wbrew pozorom to nie zmniejsza ich wartości w oczach zespołu. Przeciwnie, raczej ją podnosi. Pracownicy czują się potrzebni. Widzą, że są szanowani i cenieni.

> Wierz mi, prawdziwa radość jest rzeczą poważną. SENEKA MŁODSZY

Warto wierzyć w każdego pracownika i jego dobre intencje. Trzeba mieć świadomość, że jeśli nawet pracuje najlepiej, jak potrafi, najprawdopodobniej co jakiś czas jakieś działanie mu się nie powiedzie. Pójdzie w złym kierunku lub nawet doprowadzi do chwilowego załamania projektu. Ważne, by w takiej sytuacji nie frustrować dodatkowo człowieka, który najczęściej i tak mocno przeżywa to, co się stało, nawet jeśli wydaje się tego nie okazywać. Lepiej nie skupiać się na krytyce, a raczej na dokładnej diagnozie sytuacji i wspólnym szukaniu wyjścia. Trzeba sobie odpowiedzieć na pytanie, na czym nam zależy: żeby pracownik poczuł się podle i bał się podejmowania jakichkolwiek decyzji, czy żeby pomyślał nad tym, co robić dalej? W której z tych sytuacji entuzjazm ma szansę do niego wrócić? Chyba nie masz wątpliwości. Warto pozwolić człowiekowi na zachowanie twarzy, okazać mu, że jego umiejętności nadal się dla nas liczą, że wciąż mamy do niego zaufanie. Dać mu szansę na poprawę.

Spektakularne wpadki zdarzają się dość rzadko. Zazwyczaj spotykamy się z mrówczą pracą, której efekty nie są dla wszystkich widoczne. Niekiedy postronny obserwator ma wręcz wrażenie, że nic się nie dzieje, że zespół pracuje w żółwim tempie. Na ogół jest to ocena niesprawiedliwa. Ty jako kierownik nie możesz dać się zwieść pierwszemu wrażeniu. Powinieneś się dobrze orientować, co kto robi, na jakim jest etapie. Jednak nie przepytuj podwładnych jak uczniów w szkole. Zamiast tego interesuj się ich pracą, zatrzymuj się przy nich i przyglądaj się im życzliwie. Poproś o wyjaśnienia, dowiaduj się o kierunek, w jakim zmierzają wykonywane czynności. A przede wszystkim chwal. Nie bój się tego. Człowiek szczerze chwalony widzi sens swojej pracy. Przy tym staraj się, by pochwały nie były ogólne, ale dotyczyły konkretnego, nawet drobnego osiągnięcia, konkretnych umiejętności, którymi ktoś się właśnie wykazał. Nie mów: „Dobrze pracujesz", ale: „Twoja decyzja o przesunięciu kosztów była bardzo dobra" albo „Twoja poprawka do projektu bardzo nam pomogła".

Traktuj wszystkich pracowników i ich pracę jednakowo. Nikt nie może czuć się lepszy lub ważniejszy tylko ze względu na zakres zadań, które ma do wykonania. To tak, jakby pisarz dla dzieci lekceważył rysownika, bo jedynie ilustruje książki, a nie potrafi ich pisać. A gdyby plastyk ich nie zilustrował? Czy rzeczywiście każdy pisarz poradziłby sobie z tym sam? Czy książka bez ilustracji podobałaby się dzieciom? W większości przypadków nie.

Nie rzucaj bezmyślnie rozkazów. Zarządzanie nie polega na rozkazywaniu, ale na kierowaniu pracą. Przydzielając zadania, bierz pod uwagę zdanie pracownika. Motywuj go, mówiąc o wadze jego pracy i pożytku, jaki będzie miał z niej cały zespół. Tylko przykład jest zaraźliwy. Lope de Vega I najważniejsze. Ty sam też jesteś członkiem zespołu. Nie traktuj siebie z większym pobłażaniem niż innych. Naucz się przyznawać do błędu. Nie ukrywaj porażek. Pracownicy na ogół dobrze znają się na tym, co robią, więc i tak zobaczą, że coś się nie powiodło. Zobaczą też, że usiłujesz to ukryć lub, co gorsza, zrzucić winę na kogoś innego. Jeśli chcesz, żeby czuli się odpowiedzialni za firmę, w której pracują, naucz ich tego własnym przykładem, bo jak mówił Lope de Vega: „Tylko przykład jest zaraźliwy". Pewna biznesmenka prowadząca duży kompleks składający się ze stacji benzynowej, grupy restauracyjnej oraz salonu samochodowego i dużego parkingu dla tirów każdego dnia dociera do najmniejszego zakątka swojego imperium. Zagląda tam po to, by wiedzieć, co się dzieje, orientować się w sytuacji, ale jeśli w restauracji jest sporo ludzi i kelnerki nie nadążają z wydawaniem potraw, nie waha się zebrać brudnych talerzy z pustych stolików i odnieść do kuchni. Nie musiałaby tego robić, ale robi, bo przecież mimo że jest właścicielką, jest także członkiem zespołu dbającym o wysoką jakość usług. Najlepiej rozwijają się przedsiębiorstwa, których właściciel nie tylko oczekuje entuzjazmu od załogi, lecz także sam go wykazuje. Nie bez powodu się mówi, że przykład idzie z góry.

Ten jest ubogi, kto nie odczuwa zadowolenia.
PRZYSŁOWIE JAPOŃSKIE

Każdy kierujący grupą ludzi powinien pamiętać o tym, że entuzjazm jest jednym z najważniejszych motorów napędzających firmę. Przedsiębiorstwa, które nie potrafią wywołać entuzjazmu w swoich pracownikach, nigdy nie osiągną tyle, ile firmy, którym to się uda.

Narrator
Entuzjazm jako cecha kluczowa jest jednym z podstawowych warunków spełnienia marzeń i realizacji planów. Pozwala cieszyć się nie tylko

osiągnięciem celu, lecz także wszystkimi etapami dochodzenia do niego. Czy to nie najlepsza zachęta, by rozwinąć w sobie tę cechę? Korzyści zauważysz już niebawem. Co się zmieni? Najważniejszą zmianą będzie odczuwanie radości życia i wzmocnienie poczucia wewnętrznej siły. Staniesz się bardziej kreatywny, będziesz mógł zatem pełniej wykorzystać osobisty potencjał.

Entuzjastów cechuje niezwykła odwaga. Odwaga marzeń i odwaga czynów. Zaczniesz więc śmielej podchodzić do kolejnych wyzwań i uodpornisz się na przeciwności. Lepiej będziesz znosił chwilowe porażki, stres i malkontentów zniechęcających Cię do działania. Przekonasz się, że pozytywna energia, którą roztaczasz dokoła, powraca do Ciebie ze zdwojoną siłą i pomaga pokonywać przeszkody.

Entuzjazm działa jak magnes. Dzięki temu przyciągniesz do siebie wielu ludzi. Będziesz potrafił przekonać ich do swoich projektów, zainteresować inspirującymi pomysłami i nowymi ideami. Entuzjaści bowiem są otwarci na świat i empatyczni. Widzą rzeczywistość w barwach różowych, a nie szarych. Emanuje z nich optymizm. Z radością przyjmują słowa uznania, ale umieją także chwalić i doceniać innych. Są życzliwi i z szacunkiem odnoszą się do osób w swoim otoczeniu. Taka postawa zjednuje im sympatię i budzi podziw.

O zaletach entuzjazmu świadczą dokonania wielu ludzi. Wymienić można Jerzego Owsiaka, Stephena Hawkinga czy Wernera Herzoga, żyjących w czasach nam współczesnych, oraz wiele postaci, które znamy już tylko z historii. Entuzjastycznie podszedł do projektowania katedry we Florencji Filippo Brunelleschi. Z entuzjazmem poszukiwał nieznanych lądów Krzysztof Kolumb. Nazwiska można mnożyć: William Gilbert – badacz magnetyzmu, Samuel Morse – wynalazca alfabetu sygnałowego, czy Florence Nightingale – kobieta, która zrewolucjonizowała opiekę nad chorymi. Wszystkie te osoby urzeczywistniły swoje pragnienia dzięki zapałowi towarzyszącemu ich działaniom.

Z entuzjazmem można pracować nad nowym wynalazkiem, dokonywać odkryć, prowadzić badania naukowe. Entuzjastycznie można też oferować swoje usługi i towary, a nawet robić kolację i bawić się z dziećmi. Okazuj więc entuzjazm zarówno podczas realizowania ważnych życiowych celów, jak i wykonywania codziennych czynności.

Mocy entuzjazmu nie sposób przecenić. Uwalnia on pokłady energii, mobilizuje do działania i utwierdza w przekonaniu, że najśmielsze plany można urzeczywistnić. Zacznij więc zachowywać się tak, jakbyś już rozwinął tę cechę. Daj się ponieść fali entuzjazmu. Myśl o czekających Cię zadaniach jak o przygodzie życia. Wybieraj te, na których naprawdę Ci zależy. Naucz się odczuwać radość z własnej aktywności oraz kontaktów z innymi ludźmi. Myśl o sobie z sympatią i każdego dnia uśmiechaj się do tych myśli. Rozbudzony entuzjazm będzie wspierał Cię w dążeniu, by Twoje życie stało się lepsze, ciekawsze, pełniejsze, a na tym zapewne Ci zależy.

Część utrwalająca

Porady
1. Naucz się dostrzegać i wykorzystywać naturalny entuzjazm, z którym rodzi się człowiek.
2. Szukaj w swoim otoczeniu impulsów, które mogą obudzić Twój entuzjazm.
3. Dostrzeż dodatnie strony entuzjazmu, bo to pozytywna emocja, silna i skoncentrowana, która wzbudza i przyspiesza działanie, zwiększa wiarę w osiągnięcie celu, wpływa na odczuwanie szczęścia oraz radości życia.
4. Wychowuj dzieci tak, by nie traciły świeżości myślenia, entuzjazmu i optymizmu.
5. Zauważ różnicę między entuzjazmem a słomianym ogniem oraz między entuzjazmem a naiwnością.
6. Jeśli będziesz pracował z entuzjazmem, efekty Twoich działań będą lepsze.
7. Poszukaj osób, od których mógłbyś uczyć się entuzjazmu.
8. Jeśli jesteś kierownikiem, przekazuj swój entuzjazm innym.

9. Stawiaj sobie wartościowe cele. Takie, dla których warto uruchomić entuzjazm.
10. Zaprogramuj się na entuzjastyczne podejście do czekających Cię zadań.

Quiz

Znalezienie odpowiedzi na pytania dotyczące wykładu pomoże Ci zapamiętać i utrwalić zawarte w nim treści. Postaraj się odpowiadać samodzielnie, jeśli jednak okaże się, że na któreś z pytań nie znasz odpowiedzi, zajrzyj do tekstu wykładu lub przesłuchaj go jeszcze raz. Odszukasz tam potrzebne informacje. W pytaniach otwartych posłuż się swoją wiedzą i doświadczeniem. Klucz z odpowiedziami znajdziesz na s. 112.

1. **Co oznacza grecki wyraz *éntheos*, od którego wywodzi się słowo entuzjazm?**
   a) szlachetny
   b) chętny do pracy
   c) natchniony przez Boga
   d) rozważny

2. **Która spośród poniższych grupa wyrażeń łączy się najściślej z entuzjazmem?**
   a) energia wewnętrzna, zaangażowanie, determinacja, motywacja
   b) analiza, rozwaga, planowanie, przewidywanie
   c) pomoc, przyjaźń, bohaterstwo, zainteresowania
   d) szybkość, decyzyjność, pracowitość, dokładność

3. **Co to jest huraoptymizm?**
   a) synonim entuzjazmu
   b) przesadny optymizm, niemający solidnych podstaw
   c) entuzjazm, któremu brakuje odwagi i wiary w siebie
   d) egoistyczny optymizm

4. Co oznacza angielskie powiedzenie *enjoy the ride*, **po przetłumaczeniu: „ciesz się z podróży"?**
a) konieczność podróżowania
b) radosne przygotowywanie się do wyjazdu
c) radość z pokonywania kolejnych etapów drogi do celu
d) podróżowanie bez przeszkód

5. Jakie założenie przyjął Norman Peale, opracowując metodę rozbudzania entuzjazmu?
a) należy się zmusić do działania
b) należy znaleźć wsparcie w innych
c) należy zmienić myślenie, bo w nim tkwi źródło zmiany
d) należy zadbać o szczegóły działania

6. **Która w poniższych postaci wykorzystała metodę Normana Peale'a najpierw w karierze bejsbolisty, a później do osiągania celów zawodowych?**
   a) Henry Ford
   b) Steve Jobs
   c) Jerzy Owsiak
   d) Frank Bettger

7. **Co to jest hackerspace?**
   a) pracownia kreatywna, miejsce, gdzie spotykają się ludzie o podobnych zainteresowaniach
   b) stowarzyszenie ludzi łamiących zabezpieczenia internetowe
   c) wydzielona grupa stron internetowych
   d) slang informatyków

8. Entuzjazm można wzmacniać. Wymień cztery czynniki spośród wielu, które go pobudzają.

  . . . .

  . . . .

  . . . .

  . . . .

9. Brak zdrowia nie musi być przeszkodą w entuzjastycznym realizowaniu celów. Wymień cztery osoby, które są tego dowodem, które mimo niepełnosprawności spełniają swoje marzenia i realizują plany.

  . . . .

  . . . .

  . . . .

  . . . .

10. Jaki powinien być pierwszy krok w kierunku łagodzenia stresu po rozpoznaniu czynnika stresującego, przed podjęciem działań zmierzających do jego osłabienia?
a) pogodzenie się z istnieniem stresora
b) walka z czynnikiem stresującym
c) ignorowanie czynnika stresującego
d) ustępstwa

11. Wymień cztery spośród przeszkód, które mogą blokować entuzjazm – oprócz braku zdrowia i stresu.

. . . .

. . . .

. . . .

. . . .

12. **Jak dobry kierownik zespołu powinien reagować na niezawinione błędy współpracowników?**

a) karać pracowników adekwatnie do wagi błędu

b) pomagać pracownikom znajdować wyjście z trudnej sytuacji spowodowanej błędem i okazywać im zaufanie

c) sam powinien znajdować wyjścia z trudnych sytuacji i częściej kontrolować pracowników

d) zwalniać pracowników, którzy popełnili błąd

Ćwiczenie 1

Norman V. Peale we wstępie do książki *Entuzjazm zmienia wszystko* wyraził nadzieję, że ta cecha jest bezcenną zaletą, która powoduje, że wszystko staje się inne. Sprawdź, czy tak jest naprawdę. Postaraj się kupić lub wypożyczyć tę książkę (to jedna z najważniejszych pozycji bibliograficznych o entuzjazmie), przeczytaj ją z uwagą. Wypisz cztery cytaty z książki, które są dla Ciebie inspirujące.

. . . .

. . . .

. . . .

. . . .

. . . .

. . . .

. . . .

Ćwiczenie 2

Zastanów się, co do tej pory robiłeś w życiu z entuzjazmem. Wypisz sześć takich działań. Obok dopisz, z jaką sferą się wiązały: osobistą, rodzinną czy zawodową i uzupełnij podane niżej zdania.

działania   strefa
z entuzjazmem

. . . .

. . . .

. . . .

. . . .

. . . .

. . . .

. . . .

Z największym entuzjazmem działam w sferze (sferach): ....

Najmniej entuzjazmu wykazuję w sferze (sferach):..

Entuzjazm w sferze ...., w której jest on najmniejszy, wzbudziłaby we mnie realizacja następującego celu:

....

....

....

....

....

....

....

Ćwiczenie 3

Entuzjazm do działań zaplanowanych w nadchodzącym dniu łatwiej w sobie obudzić, jeśli wstawaniu towarzyszą optymistyczne myśli. Można je wywołać na przykład przez przywołanie wspomnień, które budzą ciepłe, pozytywne uczucia. Wybierz spośród swoich zdjęć kilka fotografii budzących Twój uśmiech. Następnie umieść je w ramkach (klasycznych lub w ramce elektronicznej) w takim miejscu, żeby znajdowały się w zasięgu Twojego wzroku, gdy się przebudzisz. Nadaj im sympatyczne tytuły i przypominaj je sobie codziennie.

Tytuł 1 . . . .

. . . .

. . . .

. . . .

. . . .

Tytuł 2 . . . .

. . . .

. . . .

Tytuł 3 . . . .

. . . .

. . . .

Tytuł 4 . . . .

. . . .

. . . .

Tytuł 5 . . . .

. . . .

. . . .

. . . .

Ćwiczenie 4

Zaplanuj własny Dzień Dziecka, czyli dzień, w którym wszystko, co zrobisz, będzie przypominało proste dziecięce przyjemności. Zorganizuj ten dzień w sposób na tyle swobodny, żebyś w każdym momencie mógł bez stresu wymienić jedną czynność na drugą. Ponieważ jednak – jak mówią – najlepsze są improwizacje przygotowane, opracuj plan ramowy. Ważne, by to był cały dzień. Nic nie powinno zmuszać Cię do pośpiechu i szybkiego zakończenia zaplanowanego zajęcia. W przygotowanie planu i jego realizację możesz włączyć rodzinę. Staraj się zapamiętać odczucie entuzjazmu, które będzie towarzyszyć tym zajęciom.

poranek ....

albo ....

albo ....

....

popołudnie..........................

albo................................

albo................................

....

wieczór.............................

albo................................

albo................................

....

Ćwiczenie 5

Czy potrafisz przyjmować pochwały? Zastanów się nad swoimi reakcjami, kiedy słyszysz pozytywną opinię na własny temat. Poniżej znajduje się kilka przykładowych zdań tego typu. Dopisz do nich reakcję, która nie będzie pomniejszać Twojej wartości.

1. Znakomicie wyglądasz.

....

2. Świetnie gotujesz.

....

3. Twoje pomysły są niezwykle kreatywne.

....

4. Masz wysokie zdolności interpersonalne. Bardzo dobrze dogadujesz się z ludźmi.

....

5. Praca z Tobą to wielka przyjemność.

....

6. Dzięki Twojej pracy projekt bardzo wiele zyskał.

....

7. Twoja pomoc okazała się bezcenna.

....

Ćwiczenie 6

Na poniższej osi wypisz czekające Cię zadania z różnych sfer życia. Uszereguj je w następujący sposób: najwyżej umieść te, które wzbudzają w Tobie największy entuzjazm, najniżej te, do których trudno będzie Ci się zabrać. Zastanów się teraz, czy rzeczywiście musisz wykonać prace znajdujące się na dole osi. Jeśli nie, to wykreśl je z planu działania. Jeśli tak, to spróbuj inaczej na nie spojrzeć, tak by móc podejść do nich entuzjastycznie?

. . . .

. . . .

. . . .

. . . .

. . . .

. . . .

. . . .

Przemyślenia

Poniżej są zamieszczone fragmenty wykładu, które mogą stanowić materiał do osobistych przemyśleń. Pod każdym znajdziesz krótkie zaproszenie do dyskusji i miejsce na Twój komentarz. Unikaj ogólników. Staraj się, by Twoja wypowiedź była jak najbardziej konkretna i konstruktywna.

Inspiracja 1

Amerykański przemysłowiec Henry Ford twierdził, że entuzjazm może wszystko. Nazywał go drożdżami, dzięki którym nadzieje wznoszą się do gwiazd. Uważał, że przejawia się on błyskiem w oku, sprężystością kroku, uściskiem dłoni, nieodpartym przepływem woli oraz energii potrzebnej do realizacji najśmielszych pomysłów. Sformułował nawet tezę, że to właśnie entuzjazm stanowi podstawę postępu. I trudno się z nim nie zgodzić.

Czy rzeczywiście tak jest? Czy także uważasz, że entuzjazm jest tak wszechmocny i widoczny? Czy gdybyś sam mógł entuzjastycznie podejść do każdego z czekających Cię zadań, to wyniki

Twoich działań byłyby lepsze? Jak sądzisz, czy ta różnica byłaby znacząca? Czy zmieniłaby Twoje życie w zdecydowany sposób?

....

....

....

....

....

....

....

....

....

....

....

Inspiracja 2

W dzisiejszych czasach dużą popularnością cieszą się przeróżne poradniki, także telewizyjne. Podróżnicy, biegacze, ogrodnicy, kucharze pokazują swój świat w taki sposób, że budzą się w nas marzenia. Dlaczego im się to udaje? Co sprawia, że siedząc przed telewizorem, nabieramy ochoty do podróżowania, biegania, opiekowania się własnym kawałkiem ziemi, a nawet do gotowania, które wcześniej być może kojarzyło nam się wyłącznie ze stratą czasu?

No, właśnie. Czy zastanawiałeś się nad tym, jak to się dzieje, że niektórzy potrafią nas inspirować? Czy Tobie samemu się to zdarzyło? Czy zająłeś się czymś tylko dlatego, że spotkałeś człowieka, który zaraził Cię swoją pasją? Kto to był i czym Cię zafascynował? A może sam jesteś osobą, która aktywizuje ludzi? Zastanów się, co sprawiło, że inspirujesz innych do działania? Czy potrafisz świadomie to wykorzystać, na przykład do budowania zespołu?

Inspiracja 3

Być może na razie hasło „entuzjastyczny" otwiera w twoim umyśle szufladę z zawartością: „Aaa... entuzjastyczny... a więc bezmyślny, pozbawiony możliwości refleksji, biorący się za coś bez zastanowienia, nieprzygotowany, w gorącej wodzie kąpany, naiwniak, głupiec...".

Jak Ty rozumiesz słowo „entuzjastyczny"? Wypisz kilka skojarzeń, które przywodzi Ci się na myśl to pojęcie. Są pozytywne czy negatywne? Jak reagujesz na ludzi, których możesz określić mianem entuzjastów? Podziwiasz ich? Masz ochotę naśladować? A może przeciwnie, zgadzasz się z powyższym cytatem i lekceważysz entuzjastyczne postawy innych? Jeśli tak jest, zastanów się, czy słusznie.

. . . .

. . . .

. . . .

. . . .

Inspiracja 4

W końcowym etapie rekrutacji wielu kierowników ma prawdziwy dylemat: kogo wybrać – osobę z bardzo wysokimi umiejętnościami, ale zapatrzoną raczej w siebie niż w cel, czy osobę, która jest entuzjastyczna, otwarta i chętna do działania, ale... brakuje jej umiejętności. Umiejętności są bardzo ważne, jednak bez entuzjazmu nie przyniosą oczekiwanego efektu.

Te rozważania dotyczą kierowników. A co Ty myślisz na ten temat? Zgadzasz się z wnioskiem, że same umiejętności bez entuzjazmu znaczą niewiele? Z jakim zespołem sam wolałbyś pracować? Przyjmijmy, że trudno stworzyć zespół, którego wszyscy członkowie są wysokiej klasy specjalistami działającymi z dużym entuzjazmem. Zespół jednak zbudować trzeba. Który według Ciebie działałby lepiej: złożony w przewadze z ludzi z entuzjazmem większym niż umiejętności, czy taki, w którym większość będą tworzyć specjaliści, jednak wykazujący mniejszy entuzjazm do pracy?

. . . .

Inspiracja 5

I tu dochodzimy do kolejnego sposobu wywoływania entuzjazmu. Ciesz się życiem i doceniaj jego dobre strony. Poznaj siebie i odkryj, co sprawia ci autentyczną przyjemność. Czy wiesz, jak wiele osób nie dostrzega wokół siebie piękna i dobrych zdarzeń? Widzą jedynie to, co brzydkie, co się nie powiodło. Jeśli masz podobne nastawienie, postaraj się je zmienić. Zacznij od uśmiechania się do siebie i innych.

Kim jesteś? Człowiekiem, który widzi głównie dobre strony życia, czy takim, który we wszystkim znajdzie powód do narzekań i zmartwienia? Czy często się uśmiechasz, czy raczej oszczędzasz uśmiech? A może uważasz, że uśmiech i radość spowodują, że będziesz traktowany niepoważnie? Rozważ to.

. . . .

. . . .

. . . .

Inspiracja 6

Warto wypracować w sobie przekonanie, że porażki to tylko kolejne doświadczenia, oraz zadbać o to, by nie wpływały one negatywnie na poczucie własnej wartości. W tym celu możesz na przykład codziennie wieczorem robić pozytywne podsumowanie dnia. Przypomnij sobie kilka udanych momentów. Zastanów się, co dobrego i wartościowego zrobiłeś. Najlepiej zapisz to. Wróć do notatki następnego ranka. Przeczytaj głośno swoje zapiski. Może się okazać, że staną się dla ciebie źródłem entuzjazmu na cały dzień.

Czy to nie dobry sposób na przygotowanie się do kolejnego dnia? Jak sądzisz, mógłbyś go zastosować? Może zmodyfikujesz tę metodę i dopasujesz ją do siebie, uwzględniając swój charakter? Być może w Twoim przypadku lepiej zastąpić zapisywanie nagrywaniem się w telefonie albo nawet tylko rozważaniami we własnym umyśle i przypominaniem sobie konkluzji przemyśleń? Co najbardziej by Ci odpowiadało?

. . . .

Rozwiązanie quizu ze s. 81
1. c – natchniony przez Boga
2. a – energia wewnętrzna, zaangażowanie, determinacja, motywacja
3. b – przesadny optymizm, niemający solidnych podstaw
4. c – radość z pokonywania kolejnych etapów drogi do celu
5. c – należy zmienić myślenie, bo w nim tkwi źródło zmiany
6. d – Frank Bettger
7. a – pracownia kreatywna, miejsce, gdzie spotykają się ludzie o podobnych zainteresowaniach
8. Na przykład: wiara w wartość własnego działania, radość życia, uśmiech na co dzień, marzenia, wartościowy cel, asertywność, otaczanie się innymi entuzjastami.
9. Na przykład: Stephen Hawking, Monika Kuszyńska, Anthony Kappes, Jostein Stordahl.
10. a – pogodzenie się z istnieniem stresora
11. Na przykład: kompleksy, niedowartościowanie, nieśmiałość, negatywny stosunek do porażek, lęk przed przeciwnościami,

rozpoczynanie realizacji celu bez przygotowania.
12. b – pomagać pracownikom znajdować wyjścia z trudnej sytuacji spowodowanej błędem i okazywać im zaufanie

Notatki

Notatki

Notatki

Słowniczek

afirmacja
Zdanie, które wielokrotnie powtarzane wpływa na osobowość człowieka. Warunek: zdanie musi być sformułowane w formie twierdzącej i w czasie teraźniejszym.

cechy kluczowe
Należą do nich: wiara w siebie, wnikliwość, wytrwałość, odwaga, entuzjazm i realizm.

determinacja
Dążenie do celu bez względu na piętrzące się trudności. Przekształca pracę w pasję.

entuzjazm
Stan emocjonalnego zaangażowania, synonim zapału, gorliwości, żarliwości, wiąże się z nim także determinacja, motywacja do działania, świadomość życiowego celu oraz pasja.

impulsy motywujące
Ludzie, książki, programy, które wzmacniają nasze decyzje i pozwalają nam utrzymywać stan

motywacji na poziomie umożliwiającym stawianie kolejnych kroków na drodze rozwoju.

inspiracja
Sugerowanie działania, sugestia, zachęta, wpływ wywierany na kogoś.

kompleks
Wewnętrzne przekonanie, że jest się kimś gorszym niż inni ludzie. Może dotyczyć zarówno wyglądu, jak i sfery psychicznej: charakteru, zdolności, możliwości itp.

konsekwencja
Logiczna ciągłość w działaniu, wytrwałość w dążeniu do wytyczonego celu, nawet jeśli pojawią się przeszkody.

kreatywność
Pomysłowość, zdolność tworzenia, realizowania oryginalnych pomysłów. Przejawia się w różnych aspektach życia.

marzenie
Powstający w wyobraźni ciąg obrazów i myśli odzwierciedlających pragnienia, często nawet najbardziej niedosiężne, ale mające zawsze choćby jeden element realizmu, na bazie którego można wyznaczyć cel.

metoda Peale'a
Sposób na wzmocnienie entuzjazmu polegający na świadomej zmianie myślenia i zachowania, a nawet wyglądu, tak aby odzwierciedlały cechy, które zamierzamy w sobie wykształcić. Rodzaj wizualizacji przeprowadzanej w umyśle, ale widocznej na zewnątrz. Opracowana przez W. Jamesa, rozwinięta przez N.V. Peale'a.

motywacja
Impuls do podjęcia działania; niewzmacniana wygasa.

nieśmiałość
Stan psychiczny charakteryzujący się brakiem pewności siebie i uczuciem zakłopotania, pojawiający się w sytuacji, gdy dana osoba wyobraża sobie, że jest oceniana przez inne osoby.

Często towarzyszą jej takie objawy, jak: przyspieszony puls, czerwienienie i pocenie się, napięcie mięśniowe (zwłaszcza mięśni twarzy), rzadziej drżenie.

odwaga
Wypowiadanie się i postępowanie zgodnie z własnymi przekonaniami, nawet jeśli to jest niebezpieczne, trudne lub niewygodne. Pozwala na podejmowanie niepopularnych działań.

optymizm
Skłonność do dostrzegania jasnych punktów każdego przedsięwzięciach i dobrych stron życia, wiara w pomyślny bieg wydarzeń i realizację celów.

osobowość
Zbiór cech, które decydują o tym, jak myślimy, jak odczuwamy, jak traktujemy siebie i innych, jak oceniamy wszystko, z czym zetkniemy się w ciągu naszego życia.

pasja
Rodzaj zainteresowania, któremu poświęcamy większość wolnego czasu, zajmujemy się nim z przyjemnością, nawet jeśli nie przynosi wymiernego zysku.

poczucie własnej wartości
Stan psychiczny i postawa wobec siebie wpływające na nastrój oraz zachowania, wynikające z ogólnej oceny siebie, czyli samooceny.

podświadomość
Część psychiki, której istnienia człowiek często nie dostrzega. Jest odpowiedzialna za większość zdarzeń w naszym życiu.

potencjał
Tu: znajdujący się w każdym człowieku ładunek mocy i możliwości twórczych.

pozytywne myślenie
Świadome zauważanie pozytywnych aspektów każdej sytuacji, dostrzeganie w ludziach i zdarzeniach ich dobrych stron.

słomiany zapał
Postawa udająca entuzjazm, polegająca na błyskawicznie pojawiającym się zapale do zrobienia czegoś, który szybko znika.

socjalizacja
Nieświadome uczenie się zachowań na podstawie kontaktów z innymi ludźmi (np. na ulicy, w sklepie, w czasie spotkań itp.).

stres
Reakcja organizmu na bodźce. W niewielkiej dawce mobilizuje do działania, w dużej – paraliżuje. Może doprowadzić do chorób psychicznych i fizycznych, a nawet do śmierci.

wiara w siebie
Mocne przeświadczenie, rodzaj przeczucia, że to, co zamierzamy zrobić lub już realizujemy, przyniesie w bliższej lub dalszej przyszłości oczekiwane efekty, że podjęte działanie ma sens. To przeświadczenie nie jest bezpodstawne, ale opiera się na poczuciu własnej wartości.

wizualizacja
Dokładne wyobrażenie sobie danej sytuacji z zakończeniem w wersji optymistycznej.

wnikliwość
Umiejętność świadomego docierania do sedna rzeczy i patrzenia daleko poza to, co jest widoczne na pierwszy rzut oka.

wolontariusz
Osoba dobrowolnie i niezarobkowo wspierająca własną pracą wybranej przez siebie działalności i inicjatywy.

wychowanie
Świadome oddziaływanie na człowieka w celu uczenia go odpowiednich zachowań.

wyobraźnia
Umiejętność stwarzania w myślach rozmaitych obrazów.

wytrwałość
Konsekwentne dążenie do celu połączone z determinacją w pokonywaniu przeszkód.

zaangażowanie
Działanie z wykorzystaniem całej pełni swoich możliwości.

zarządzanie zespołem
Kierowanie pracą zespołu. Warunki, które dobry kierownik powinien spełniać: myślenie o podwładnych jak o współpracownikach, słuchanie, zgłaszanie wątpliwości, rezygnowanie z okazywania przewagi wynikającej ze stanowiska, wiara w dobre intencje pracowników, orientowanie się, na jakim etapie jest praca wykonywana przez pracowników, traktowanie pracowników jednakowo, branie pod uwagę zdania pracowników przy przydzielaniu im zadań, motywowanie pracowników, przyznawanie się do błędów.

Źródła i inspiracje

Albright M., Carr C., *Największe błędy menedżerów*, Warszawa 1997.

Allen B.D., Allen W.D., *Formuła 2+2. Skuteczny coaching*, Warszawa 2006.

Anderson Ch., *Za darmo: przyszłość najbardziej radykalnej z cen*, Kraków 2011.

Anthony R., *Pełna wiara w siebie*, Warszawa 2005.

Ariely D., *Zalety irracjonalności. Korzyści z postępowania wbrew logice w domu i pracy*, Wrocław 2010.

Bates W.H., *Naturalne leczenie wzroku bez okularów*, Katowice 2011.

Bettger F., *Jak umiejętnie sprzedawać i zwielokrotnić dochody*, Warszawa 1995.

Blanchard K., Johnson S., *Jednominutowy menedżer*, Konstancin-Jeziorna 1995.

Blanchard K., O'Connor M., *Zarządzanie poprzez wartości*, Warszawa 1998.

Bogacka A.W., *Zdrowie na talerzu*, Białystok 2008.

Bollier D., *Mierzyć wyżej. Historie 25 firm, które osiągnęły sukces, łącząc skuteczne zarządzanie z realizacją misji społecznych*, Warszawa 1999.

Bond W.J., *199 sytuacji, w których tracimy czas, i jak ich uniknąć*, Gdańsk 1995.

Bono E. de, *Dziecko w szkole kreatywnego myślenia*, Gliwice 2010.

Bono E. de, *Sześć kapeluszy myślowych*, Gliwice 2007.

Bono E. de, *Sześć ram myślowych*, Gliwice 2009.

Bono E. de, *Wodna logika. Wypłyń na szerokie wody kreatywności*, Gliwice 2011.

Bossidy L., Charan R., *Realizacja. Zasady wprowadzania planów w życie*, Warszawa 2003.

Branden N., *Sześć filarów poczucia własnej wartości*, Łódź 2010.

Branson R., *Zaryzykuj – zrób to! Lekcje życia*, Warszawa-Wesoła 2012.

Brothers J., Eagan E, *Pamięć doskonała w 10 dni*, Warszawa 2000.

Buckingham M., *To jedno, co powinieneś wiedzieć… o świetnym zarządzaniu, wybitnym przywództwie i trwałym sukcesie osobistym*, Warszawa 2006.

Buckingham M., *Wykorzystaj swoje silne strony. Użyj dźwigni swojego talentu*, Warszawa 2010.

Buckingham M., Clifton D.O., *Teraz odkryj swoje silne strony*, Warszawa 2003.

Butler E., Pirie M., *Jak podwyższyć swój iloraz inteligencji?*, Gdańsk 1995.

Buzan T., *Mapy myśli*, Łódź 2008.

Buzan T., *Pamięć na zawołanie*, Łódź 1999.

Buzan T., *Podręcznik szybkiego czytania*, Łódź 2003.

Buzan T., *Potęga umysłu. Jak zyskać sprawność fizyczną i umysłową: związek umysłu i ciała*, Warszawa 2003.

Buzan T., Dottino T., Israel R., *Zwykli ludzie – liderzy. Jak maksymalnie wykorzystać kreatywność pracowników*, Warszawa 2008.

Carnegie D., *I ty możesz być liderem*, Warszawa 1995.

Carnegie D., *Jak przestać się martwić i zacząć żyć*, Warszawa 2011.

Carnegie D., *Jak zdobyć przyjaciół i zjednać sobie ludzi*, Warszawa 2011.

Carnegie D., *Po szczeblach słowa. Jak stać się doskonałym mówcą i rozmówcą*, Warszawa 2009.

Carnegie D., Crom M., Crom J.O., *Szkoła biznesu. O pozyskiwaniu klientów na zawsze*, Warszawa 2003.

Cialdini R., *Wywieranie wpływu na ludzi*, Gdańsk 1998.

Clegg B., *Przyspieszony kurs rozwoju osobistego*, Warszawa 2002.

Cofer C.N., Appley M.H., *Motywacja: teoria i badania*, Warszawa 1972.

Cohen H., *Wszystko możesz wynegocjować. Jak osiągnąć to, co chcesz*, Warszawa 1997.

Covey S.R., *3. rozwiązanie*, Poznań 2012.

Covey S.R., *7 nawyków skutecznego działania*, Poznań 2007.

Covey S.R., *8. nawyk*, Poznań 2006.

Covey S.R., Merrill A.R., Merrill R.R., *Najpierw rzeczy najważniejsze*, Warszawa 2007.

Craig M., *50 najlepszych (i najgorszych) interesów w historii biznesu*, Warszawa 2002.

Csikszentmihalyi M., *Przepływ: psychologia optymalnego doświadczenia*, Wrocław 2005.

Davis R.C., Lindsmith B., *Ludzie renesansu: umysły, które ukształtowały erę nowożytną*, Poznań 2012.

Davis R.D., Braun E.M., *Dar dysleksji. Dlaczego niektórzy zdolni ludzie nie umieją czytać i jak mogą się nauczyć*, Poznań 2001.

Dearlove D., *Biznes w stylu Richarda Bransona. 10 tajemnic twórcy megamarki*, Gdańsk 2009.

DeVos D., *Podstawy wolności. Wartości decydujące o sukcesie jednostek i społeczeństw*, Konstancin-Jeziorna 1998.

DeVos R.M., Conn Ch.P., *Uwierz! Credo człowieka czynu, współzałożyciela Amway Corporation, hołdującego zasadom, które uczyniły Amerykę wielką*, Warszawa 1994.

Dixit A.K., Nalebuff B.J., *Myślenie strategiczne. Jak zapewnić sobie przewagę w biznesie, polityce i życiu prywatnym*, Gliwice 2009.

Dixit A.K., Nalebuff B.J., *Sztuka strategii. Teoria gier w biznesie i życiu prywatnym*, Warszawa 2009.

Dobson J., *Jak budować poczucie wartości w swoim dziecku*, Lublin 1993.

Doskonalenie strategii (seria Harvard Bussines Review), praca zbiorowa, Gliwice 2006.

Dryden G., Vos J., *Rewolucja w uczeniu*, Poznań 2000.

Dyer W.W., *Kieruj swoim życiem*, Warszawa 2012.

Dyer W.W., *Pokochaj siebie*, Warszawa 2008.

Edelman R.C., Hiltabiddle T.R., Manz Ch.C., *Syndrom miłego człowieka*, Gliwice 2010.

Eichelberger W., Forthomme P., Nail F., *Quest. Twoja droga do sukcesu. Nie ma prostych recept na sukces, ale są recepty skuteczne*, Warszawa 2008.

Enkelmann N.B., *Biznes i motywacja*, Łódź 1997.

Eysenck H. i M., *Podpatrywanie umysłu. Dlaczego ludzie zachowują się tak, jak się zachowują?*, Gdańsk 1996.

Ferriss T., *4-godzinny tydzień pracy. Nie bądź płatnym niewolnikiem od 7.00 do 17.00*, Warszawa 2009.

Flexner J.T., Waschington. *Człowiek niezastąpiony*, Warszawa 1990.

Forward S., Frazier D., *Szantaż emocjonalny: jak obronić się przed manipulacją i wykorzystaniem*, Gdańsk 2011.

Frankl V.E., *Człowiek w poszukiwaniu sensu*, Warszawa 2009.

Fraser J.F., *Jak Ameryka pracuje*, Przemyśl 1910.

Freud Z., *Wstęp do psychoanalizy*, Warszawa 1994.

Fromm E., *Mieć czy być*, Poznań 2009.

Fromm E., *Niech się stanie człowiek. Z psychologii etyki*, Warszawa 2005.

Fromm E., *O sztuce miłości*, Poznań 2002.

Fromm E., *O sztuce słuchania. Terapeutyczne aspekty psychoanalizy*, Warszawa 2002.

Fromm E., *Serce człowieka. Jego niezwykła zdolność do dobra i zła*, Warszawa 2000.

Fromm E., *Ucieczka od wolności*, Warszawa 2001.

Fromm E., *Zerwać okowy iluzji*, Poznań 2000.

Galloway D., *Sztuka samodyscypliny*, Warszawa 1997.

Gardner H., *Inteligencje wielorakie – teoria w praktyce*, Poznań 2002.

Gawande A., *Potęga checklisty: jak opanować chaos i zyskać swobodę w działaniu*, Kraków 2012.

Gelb M.J., *Leonardo da Vinci odkodowany*, Poznań 2005.

Gelb M.J., Miller Caldicott S., *Myśleć jak Edison*, Poznań 2010.

Gelb M.J., *Myśleć jak geniusz*, Poznań 2004.

Gelb M.J., *Myśleć jak Leonardo da Vinci*, Poznań 2001.

Giblin L., *Umiejętność postępowania z innymi...*, Kraków 1993.

Girard J., Casemore R., *Pokonać drogę na szczyt*, Warszawa 1996.

Glass L., *Toksyczni ludzie*, Poznań 1998.

Godlewska M., *Jak pokonałam raka*, Białystok 2011.

Godwin M., *Kim jestem? 101 dróg do odkrycia siebie*, Warszawa 2001.

Goleman D., *Inteligencja emocjonalna*, Poznań 2002.

Gordon T., *Wychowywanie bez porażek szefów, liderów, przywódców*, Warszawa 1996.

Gorman T., *Droga do skutecznych działań. Motywacja*, Gliwice 2009.

Gorman T., *Droga do wzrostu zysków. Innowacja*, Gliwice 2009.

Greenberg H., Sweeney P., *Jak odnieść sukces i rozwinąć swój potencjał*, Warszawa 2007.

Habeler P., Steinbach K., *Celem jest szczyt*, Warszawa 2011.

Hamel G., Prahalad C.K., *Przewaga konkurencyjna jutra*, Warszawa 1999.

Hamlin S., *Jak mówić, żeby nas słuchali*, Poznań 2008.

Hill N., *Klucze do sukcesu*, Warszawa 1998.

Hill N., *Magiczna drabina do sukcesu*, Warszawa 2007.

Hill N., *Myśl!... i bogać się. Podręcznik człowieka interesu*, Warszawa 2012.

Hill N., *Początek wielkiej kariery*, Gliwice 2009.

Ingram D.B., Parks J.A., *Etyka dla żółtodziobów, czyli wszystko, co powinieneś wiedzieć o...*, Poznań 2003.

Jagiełło J., Zuziak W. [red.], *Człowiek wobec wartości*, Kraków 2006.

James W., *Pragmatyzm*, Warszawa 2009.

Jamruszkiewicz J., *Kurs szybkiego czytania*, Chorzów 2002.

Johnson S., *Tak czy nie. Jak podejmować dobre decyzje*, Konstancin-Jeziorna 1995.

Jones Ch., *Życie jest fascynujące*, Konstancin-Jeziorna 1993.

Kanter R.M., *Wiara w siebie. Jak zaczynają się i kończą dobre i złe passy*, Warszawa 2006.

Keller H., *Historia mojego życia*, Warszawa 1978.

Kirschner J., *Zwycięstwo bez walki. Strategie przeciw agresji*, Gliwice 2008.

Koch R., *Zasada 80/20. Lepsze efekty mniejszym nakładem sił i środków*, Konstancin-Jeziorna 1998.

Kopmeyer M.R., *Praktyczne metody osiągania sukcesu*, Warszawa 1994.

Ksenofont, *Cyrus Wielki. Sztuka zwyciężania*, Warszawa 2008.

Kuba A., Hausman J., *Dzieje samochodu*, Warszawa 1973.

Kumaniecki K., *Historia kultury starożytnej Grecji i Rzymu*, Warszawa 1964.

Lamont G., *Jak podnieść pewność siebie*, Łódź 2008.

Leigh A., Maynard M., *Lider doskonały*, Poznań 1999.

Littauer F., *Osobowość plus*, Warszawa 2007.

Loreau D., *Sztuka prostoty*, Warszawa 2009.

Lott L., Intner R., Mendenhall B., *Autoterapia dla każdego. Spróbuj w osiem tygodni zmienić swoje życie*, Warszawa 2006.

Maige Ch., Muller J.-L., *Walka z czasem. Atut strategiczny przedsiębiorstwa*, Warszawa 1995.

Mansfield P., *Jak być asertywnym*, Poznań 1994.

Martin R., *Niepokorny umysł. Poznaj klucz do myślenia zintegrowanego*, Gliwice 2009.

Maslow A., *Motywacja i osobowość*, Warszawa 2009.

Matusewicz Cz., *Wprowadzenie do psychologii*, Warszawa 2011.

Maxwell J.C., *21 cech skutecznego lidera*, Warszawa 2012.

Maxwell J.C., *Tworzyć liderów, czyli jak wprowadzać innych na drogę sukcesu*, Konstancin-Jeziorna 1997.

Maxwell J.C., *Wszyscy się komunikują, niewielu potrafi się porozumieć*, Warszawa 2011.

McCormack M.H., *O zarządzaniu*, Warszawa 1998.

McElroy K., *Jak inwestować w nieruchomości. Znajdź ukryte zyski, których większość inwestorów nie dostrzega*, Osielsko 2008.

McGee P., *Pewność siebie. Jak mała zmiana może zrobić wielką różnicę*, Gliwice 2011.

McGrath H., Edwards H., *Trudne osobowości. Jak radzić sobie ze szkodliwymi zachowaniami innych oraz własnymi*, Poznań 2010.

Mellody P., Miller A.W., Miller J.K., *Toksyczna miłość i jak się z niej wyzwolić*, Warszawa 2013.

Melody B., *Koniec współuzależnienia*, Poznań 2002.

Miller M., *Style myślenia*, Poznań 2000.

Mingotaud F., *Sprawny kierownik. Techniki osiągania sukcesów*, Warszawa 1994.

MJ DeMarco, *Fastlane milionera*, Katowice 2012.

Morgenstern J., *Jak być doskonale zorganizowanym*, Warszawa 2000.

Nay W.R., *Związek bez gniewu. Jak przerwać błędne koło kłótni, dąsów i cichych dni*, Warszawa 2011.

Nierenberg G.I., *Ekspert. Czy nim jesteś?*, Warszawa 2001.

Ogger G., *Geniusze i spekulanci, Jak rodził się kapitalizm*, Warszawa 1993.

Osho, *Księga zrozumienia. Własna droga do wolności*, Warszawa 2009.

Parkinson C.N., *Prawo pani Parkinson*, Warszawa 1970.

Peale N.V., *Entuzjazm zmienia wszystko. Jak stać się zwycięzcą*, Warszawa 1996.

Peale N.V., *Możesz, jeśli myślisz, że możesz*, Warszawa 2005.

Peale N.V., *Rozbudź w sobie twórczy potencjał*, Warszawa 1997.

Peale N.V., *Uwierz i zwyciężaj. Jak zaufać swoim myślom i poczuć pewność siebie*, Warszawa 1999.

Pietrasiński Z., *Psychologia sprawnego myślenia*, Warszawa 1959.

Pilikowski J., *Podróż w świat etyki*, Kraków 2010.

Pink D.H., *Drive*, Warszawa 2011.

Pirożyński M., *Kształcenie charakteru*, Poznań 1999.

Pismo Święte Starego i Nowego Testamentu. Biblia Tysiąclecia, Warszawa 2002.

Pismo Święte w Przekładzie Nowego Świata, 1997.

Popielski K., *Psychologia egzystencji. Wartości w życiu*, Lublin 2009.

Poznaj swoją osobowość, Bielsko-Biała 1996.

Przemieniecki J., *Psychologia jednostki. Odkoduj szyfr do swego umysłu*, Warszawa 2008.

Pszczołowski T., *Umiejętność przekonywania i dyskusji*, Gdańsk 1998.

Reiman T., *Potęga perswazyjnej komunikacji*, Gliwice 2011.

Robbins A., *Nasza moc bez granic. Skuteczna metoda osiągania życiowych sukcesów za pomocą NLP*, Konstancin-Jeziorna 2009.

Robbins A., *Obudź w sobie olbrzyma... i miej wpływ na całe swoje życie – od zaraz*, Poznań 2002.

Robbins A., *Olbrzymie kroki*, Warszawa 2001.

Robert M., *Nowe myślenie strategiczne: czyste i proste*, Warszawa 2006.

Robinson J.W., *Imperium wolności. Historia Amway Corporation*, Warszawa 1997.

Rose C., Nicholl M.J., *Ucz się szybciej, na miarę XXI wieku*, Warszawa 2003.

Rose N., *Winston Churchill. Życie pod prąd*, Warszawa 1996.

Rychter W., *Dzieje samochodu*, Warszawa 1962.

Ryżak Z., *Zarządzanie energią kluczem do sukcesu*, Warszawa 2008.

Savater F., *Etyka dla syna*, Warszawa 1996.

Schäfer B., *Droga do finansowej wolności. Pierwszy milion w ciągu siedmiu lat*, Warszawa 2011.

Schäfer B., *Zasady zwycięzców*, Warszawa 2007.

Scherman J.R., *Jak skończyć z odwlekaniem i działać skutecznie*, Warszawa 1995.

Schuller R.H., *Ciężkie czasy przemijają, bądź silny i przetrwaj je*, Warszawa 1996.

Schwalbe B., Schwalbe H., Zander E., *Rozwijanie osobowości. Jak zostać sprzedawcą doskonałym*, tom 2, Warszawa 1994.

Schwartz D.J., *Magia myślenia kategoriami sukcesu*, Konstancin-Jeziorna 1994.

Schwartz D.J., *Magia myślenia na wielką skalę. Jak zaprząc duszę i umysł do wielkich osiągnięć*, Warszawa 2008.

Scott S.K., *Notatnik milionera. Jak zwykli ludzie mogą osiągać niezwykłe sukcesy*, Warszawa 1997.

Sedlak K. [red.], *Jak poszukiwać i zjednywać najlepszych pracowników*, Kraków 1995.

Seiwert L.J., *Jak organizować czas*, Warszawa 1998.

Seligman M.E.P., *Co możesz zmienić, a czego nie możesz*, Poznań 1995.

Seligman M.E.P., *Pełnia życia*, Poznań 2011.

Seneka, *Myśli*, Kraków 1989.

Sewell C., Brown P.B., *Klient na całe życie, czyli jak przypadkowego klienta zmienić w wiernego entuzjastę naszych usług*, Warszawa 1992.

Słownik pisarzy antycznych, Warszawa 1982.

Smith A., *Umysł*, Warszawa 1989.

Spector R., *Amazon.com. Historia przedsiębiorstwa, które stworzyło nowy model biznesu*, Warszawa 2000.

Spence G., *Jak skutecznie przekonywać... wszędzie i każdego dnia*, Poznań 2001.

Sprenger R.K., *Zaufanie # 1*, Warszawa 2011.

Staff L., *Michał Anioł*, Warszawa 1990.

Stone D.C., *Podążaj za swymi marzeniami*, Konstancin-Jeziorna 1998.

Swiet J., *Kolumb*, Warszawa 1979.

Szurawski M., *Pamięć. Trening interaktywny*, Łódź 2004.

Szyszkowska M., *W poszukiwaniu sensu życia*, Warszawa 1997.

Tatarkiewicz W., *O szczęściu*, Warszawa 1979.

Tavris C., Aronson E., *Błądzą wszyscy (ale nie ja)*, Sopot–Warszawa 2008.

Tracy B., *Milionerzy z wyboru. 21 tajemnic sukcesu*, Warszawa 2002.

Tracy B., *Plan lotu. Prawdziwy sekret sukcesu*, Warszawa 2008.

Tracy B., Scheelen F.M. *Osobowość lidera*, Warszawa 2001.

Tracy B., *Sztuka zatrudniania najlepszych. 21 praktycznych i sprawdzonych technik do wykorzystania od zaraz*, Warszawa 2006.

Tracy B., *Turbostrategia. 21 skutecznych sposobów na przekształcenie firmy i szybkie zwiększenie zysków*, Warszawa 2004.

Tracy B., *Zarabiaj więcej i awansuj szybciej. 21 sposobów na przyspieszenie kariery*, Warszawa 2007.

Tracy B., *Zarządzanie czasem*, Warszawa 2008.

Tracy B., *Zjedz tę żabę. 21 metod podnoszenia wydajności w pracy i zwalczania skłonności do zwlekania*, Warszawa 2005.

Twentier J.D., *Sztuka chwalenia ludzi*, Warszawa 1998.

Urban H., *Moc pozytywnych słów*, Warszawa 2012.

Ury W., *Odchodząc od nie. Negocjowanie od konfrontacji do kooperacji*, Warszawa 2000.

Vitale J., *Klucz do sekretu. Przyciągnij do siebie wszystko, czego pragniesz*, Gliwice 2009.

Waitley D., *Być najlepszym*, Warszawa 1998.

Waitley D., *Imperium umysłu*, Konstancin-Jeziorna 1997.

Waitley D., *Podwójne zwycięstwo*, Warszawa 1996.

Waitley D., *Sukces zależy od właściwego momentu*, Warszawa 1997.

Waitley D., Tucker R.B., *Gra o sukces. Jak zwyciężać w twórczej rywalizacji*, Warszawa 1996.

Walton S., Huey J., *Sam Walton. Made in America*, Warszawa 1994.

Waterhouse J., Minors D., Waterhouse M., *Twój zegar biologiczny. Jak żyć z nim w zgodzie*, Warszawa 1993.

Wegscheider-Cruse S., *Poczucie własnej wartości. Jak pokochać siebie*, Gdańsk 2007.

Wilson P., *Idealna równowaga. Jak znaleźć czas i sposób na pełnię życia*, Warszawa 2010.

Ziglar Z., *Do zobaczenia na szczycie*, Warszawa 1995.

Ziglar Z., *Droga na szczyt*, Konstancin–Jeziorna 1995.

Ziglar Z., *Ponad szczytem*, Warszawa 1995.

INNE KSIĄŻKI WYDAWCY

Wersje audio i e-book dostępne u naszych partnerów.
Audiobook – Audioteka i Storytel
E-book – Empik i Nexto

INNE KSIĄŻKI WYDAWCY

Wersje audio i e-book dostępne u naszych partnerów.
Audiobook – Audioteka i Storytel
E-book – Empik i Nexto

INNE KSIĄŻKI WYDAWCY

Wersje audio i e-book dostępne u naszych partnerów.
Audiobook – Audioteka i Storytel
E-book – Empik i Nexto

www.ingramcontent.com/pod-product-compliance
Lightning Source LLC
LaVergne TN
LVHW040101080526
838202LV00045B/3732